ふるさとシリーズ

誇れる郷土ガイド

― 日本の国立公園編 ―

《目　次》

☐ **日本の国立公園** ……………………………………………………………………… 3

　☐ 利尻礼文サロベツ国立公園（北海道） ………………………………………… 6
　☐ 知床国立公園（北海道） ………………………………………………………… 10
　☐ 阿寒国立公園（北海道） ………………………………………………………… 14
　☐ 釧路湿原国立公園（北海道） …………………………………………………… 18
　☐ 大雪山国立公園（北海道） ……………………………………………………… 22
　☐ 支笏洞爺国立公園（北海道） …………………………………………………… 26
　☐ 十和田八幡平国立公園（青森県、秋田県、岩手県） ………………………… 30
　☐ 陸中海岸国立公園（岩手県、宮城県） ………………………………………… 34
　☐ 磐梯朝日国立公園（山形県、福島県、新潟県） ……………………………… 38
　☐ 日光国立公園（福島県、栃木県、群馬県、新潟県） ………………………… 42
　☐ 上信越高原国立公園（群馬県、新潟県、長野県） …………………………… 46
　☐ 秩父多摩甲斐国立公園（埼玉県、東京都、山梨県、長野県） ……………… 50
　☐ 小笠原国立公園（東京都） ……………………………………………………… 54
　☐ 富士箱根伊豆国立公園（東京都、神奈川県、山梨県、静岡県） …………… 58
　☐ 中部山岳国立公園（新潟県、富山県、長野県、岐阜県） …………………… 62
　☐ 白山国立公園（富山県、石川県、福井県、岐阜県） ………………………… 66
　☐ 南アルプス国立公園（山梨県、長野県、静岡県） …………………………… 70
　☐ 伊勢志摩国立公園（三重県） …………………………………………………… 74
　☐ 吉野熊野国立公園（三重県、奈良県、和歌山県） …………………………… 78
　☐ 山陰海岸国立公園（京都府、兵庫県、鳥取県） ……………………………… 82
　☐ 瀬戸内海国立公園
　　（兵庫県、和歌山県、岡山県、広島県、山口県、徳島県、香川県、愛媛県、福岡県、大分県）… 86
　☐ 大山隠岐国立公園（鳥取県、島根県、岡山県） ……………………………… 90
　☐ 足摺宇和海国立公園（愛媛県、高知県） ……………………………………… 94
　☐ 西海国立公園（長崎県） ………………………………………………………… 98
　☐ 雲仙天草国立公園（長崎県、熊本県、鹿児島県） …………………………… 102
　☐ 阿蘇くじゅう国立公園（熊本県、大分県） …………………………………… 106
　☐ 霧島屋久国立公園（宮崎県、鹿児島県） ……………………………………… 110
　☐ 西表国立公園（沖縄県） ………………………………………………………… 114

☐ **参考データ**
　☐ 日本の国立公園の主な歴史 ……………………………………………………… 120
　☐ 日本の国立公園の面積 …………………………………………………………… 121
　☐ 日本の国定公園（参考） ………………………………………………………… 122
　☐ 世界遺産条約締約後のわが国の自然遺産関係の主な動き …………………… 123

日本の国立公園

❶利尻礼文サロベツ（北海道）
❷知床（北海道）
❸阿寒（北海道）
❹釧路湿原（北海道）
❺大雪山（北海道）
❻支笏洞爺（北海道）
❼十和田八幡平（青森県、秋田県、岩手県）
❽陸中海岸（岩手県、宮城県）
❾磐梯朝日（山形県、福島県、新潟県）
❿日光（福島県、栃木県、群馬県、新潟県）
⓫上信越高原（群馬県、新潟県、長野県）
⓬秩父多摩甲斐（埼玉県、東京都、山梨県、長野県）
⓭小笠原（東京都）
⓮富士箱根伊豆（東京都、神奈川県、山梨県、静岡県）
⓯中部山岳（新潟県、富山県、長野県、岐阜県）
⓰白山（富山県、石川県、福井県、岐阜県）
⓱南アルプス（山梨県、長野県、静岡県）
⓲伊勢志摩（三重県）
⓳吉野熊野（三重県、奈良県、和歌山県）
⓴山陰海岸（京都府、兵庫県、鳥取県）
㉑瀬戸内海（兵庫県、和歌山県、岡山県、広島県、山口県、徳島県、香川県、愛媛県、福岡県、大分県）
㉒大山隠岐（鳥取県、島根県、岡山県）
㉓足摺宇和海（愛媛県、高知県）
㉔西海（長崎県）
㉕雲仙天草（長崎県、熊本県、鹿児島県）
㉖阿蘇くじゅう（熊本県、大分県）
㉗霧島屋久（宮崎県、鹿児島県）
㉘西表（沖縄県）

誇れる郷土ガイド－日本の国立公園編－

シンクタンクせとうち総合研究機構　発行

日本の国立公園

大雪山国立公園
わが国最大の国立公園

利尻礼文サロベツ国立公園

概　要	利尻礼文サロベツ国立公園は、北海道の北端、日本最北端の国立公園で、利尻、礼文両島及び抜海・稚咲内海岸、サロベツ原野を含む。利尻島では、海からそそり立つような利尻山（利尻富士）がそびえている。礼文島は、レブンソウなどの高山植物が多い。サロベツ湿原は、東西約7km、南北約28kmに及ぶ湿原で、釧路湿原と並んで北海道を代表する平野部の湿原である。5月から8月にかけて、100種類以上の湿原植物が豊かなサロベツ原野に咲き乱れる。稚咲内の砂丘林の海岸砂丘などの景観もあり、山岳、海蝕崖、湿原など変化に富んだ景観を有している。
分　類	国立公園、自然景観、日本
Udvardyの地域区分	界　旧北界（The Palaearctic Realm）
	地区　混交林（日本・満州）（Manchu-Japanese Mixed Forest）
	群系　温帯広葉樹林および亜寒帯落葉低木密生林
	（Temperate broad-leaf forests or woodlands, and subpolar deciduous thickets）
普遍的価値	山岳、海蝕崖、湿原、海岸段丘など変化に富む自然景観
学術的価値	地形学、地質学、動物学、植物学
動　物	ガン・カモ類，コモチカナヘビ、ミコアイサ，キンクロハジロ等の水鳥
植　物	トドマツ、ダテカンバ、ハイマツ群落、ミズナラ、コケモモ、リシリヒナゲシ、リシリブシ、レブンウスユキソウ、レブンアツモリソウ、レブンソウ、ハマナス、ハマニンニク
所在地	北海道
面　積	24,166ha
所　有	国有地 82.2％、公有地 6.1％、民有地 11.7％
地域地区	特保 40.2％、第1種 11.4％、第2種 14.6％、第3種 33.1％、普通 0.7％
保　護	**自然公園法**　利尻礼文サロベツ国立公園（1974年9月20日指定）
	林野庁長官通達　利尻・礼文森林生物遺伝資源保存林（1994年11月指定）
	鳥獣保護法　国設鳥獣保護区（集団渡来地）　サロベツ（1992年3月指定）
管　理	環境省西北海道地区自然保護事務所
	〒060-0042　札幌市中央区大通西10丁目札幌第二合同庁舎6F　☎011-272-1631
	稚内自然保護官事務所
	〒097-8527　稚内市末広5-6-1稚内地方合同庁舎　　　　　　☎0162-33-1100
利活用	観光、教育
見　所	
利尻島	●利尻山（1721m）（利尻富士と呼ばれる。日本百名山）
	●見返台園地（利尻山五合目にある）
	●甘露泉水（環境省の選定した名水百選。利尻山のふもとに湧く最北の名水。）
	●ポン山（444m）（エゾマツ、トドマツの針葉樹林に囲まれたハイキングコース）
	●姫沼（利尻富士の展望スポット。周辺は森林公園）
	●ペシ岬展望台（鴛泊港最先端にそそり立つ標高93mの岬）
	●オタドマリ沼（利尻島で最も大きな沼。周辺は利尻富士を眺める展望公園）
	●仙法志御崎公園（利尻島最南端の御崎海岸）
	●沓形岬（利尻島西海岸に位置し、礼文島を間近に望む岬）
	●寝熊の岩（噴出しした熔岩が冷やされてできた奇岩）

礼文島	●礼文岳（490m）（島のほぼ中央に位置し、360度のパノラマが楽しめる） ●久種湖（日本最北端、礼文島唯一の湖。湖の一部に遊歩道あり） ●スコトン岬（礼文島最北端。晴れた日にはサハリンを望むことができる） ●桃岩展望台（花畑は天然記念物。利尻富士の眺望が美しい） ●澄海岬（入江の透明度が高い） ●ゴロタ岬（海蝕崖）
抜海・稚咲内海岸	●抜海（冬になるとこの付近の浜にアザラシが群れをなす） ●稚咲内海岸（利尻富士を一望でき、ハマナスやエゾスカシユリが咲き誇る） ●原生砂丘林と湖沼群（海面から吹き上げる風で一様に東になびいている柏の防風林が生育。林内には100余の沼が点在） ●ジュンサイ沼 ●ひめ沼
サロベツ原野	●サロベツ原生花園（100種類以上の湿地性高山植物が咲く） ●パンケ沼畔（自然探勝路）
フィールドマナー	（サロベツ原生花園） ●木道からは降りないこと ●野鳥をおどろかさないこと ●鳥が安心する距離から観察すること ●ゴミを捨てないこと（持ち帰る） ●鳥の巣に近づかないこと ●大声を出さないこと ●動植物をむやみに取らない
年間利用者数	151.7万人（2002年）
施　設	サロベツ原生花園自然教室（豊富ビジターセンター） 　〒098-4116　手塩郡豊富町西豊富　　　　　　℡0162-82-1001 　サロベツ原野にある動植物についての展示解説やスライドの上映、観察 幌延ビジターセンター 　〒098-3228　手塩郡幌延町字下沼　　　　　　℡01632-5-2077 　サロベツ原野の一角にある自然に学び親しむための情報教育施設 沓形岬ミニビジターセンター 　利尻島沓形岬にあり、利尻富士、礼文島、日本海の眺望をパノラマで楽しめる。利尻の自然を紹介した資料の展示やビデオあり。
関係市町村	稚内市、手塩郡（幌別町、豊富町）、礼文郡（礼文町）、 利尻郡（利尻町、利尻富士町）
活　動	上サロベツ自然再生協議会が発足。
備　考	●利尻礼文サロベツ国立公園指定30周年（2004年9月20日） ●「甘露泉水」は、名水百選（環境省）で選ばれたわが国最北の名水。 ●環境省と林野庁が2003年3月に設置した世界自然遺産候補地に関する検討会で、利尻・礼文・サロベツ原野は、詳細に検討すべき19地域に選定された。 ●サロベツ原野は、2005年11月にウガンダのカンパラで開催される「第9回ラムサール条約締約国会議」での日本の新登録湿地の有力候補の一つに挙がっている。

利尻山

礼文島　スコトン岬

誇れる郷土ガイドー日本の国立公園編ー　利尻礼文サロベツ国立公園

サロベツ湿原

利尻礼文サロベツ

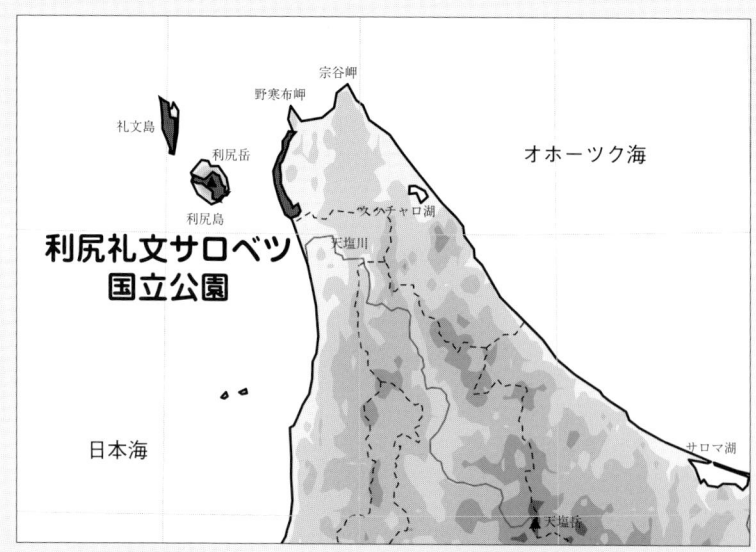

交通アクセス　●稚内からフェリーで礼文島へは、約2時間。利尻島へは、1時間40分。
　　　　　　●利尻島と礼文島間は、フェリーで40分。
　　　　　　●サロベツ原生花園へは、JR豊富から車で約15分。

シンクタンクせとうち総合研究機構　発行

知床国立公園

概　要　　知床国立公園は、北海道の東北端にある長さ約70km、幅は基部で約25km、面積約10万haの細長い形をした知床半島にある。知床国立公園区域は、知床半島中央部以先の約4万haにあたる。知床半島の先端、知床岬から知床岳、硫黄山、そして、主峰の羅臼岳へと知床連山が続き、知床国立公園区域の西端の知西別岳は、遠音別岳原生自然環境保全地域に隣接している。知床半島の東側は、根室海峡に面し、わずか約20km隔てた海上には北方領土の国後島が浮かぶ。西側は、オホーツク海に面しており、冬は流氷が南下し、知床半島沿岸を埋め尽くす。美しい自然景観は、多種多様な自然環境によって造り出されている。海抜0mの海岸から、標高1500mクラスの山岳地帯まで、草原、渓流、森林、湿原、湖沼などが組み合わされて多様性に富んだ美しい自然景観を見せている。知床は、ユネスコの世界遺産の暫定リストに登録されており、2005年7月に南アフリカのダーバンで開催される第29回世界遺産委員会で、「世界遺産リスト」への登録の可否が決まる。

分　類	国立公園、自然景観、日本
Udvardyの地域区分	界　旧北界（The Palaearctic Realm）
	地区　混交林（日本・満州）（Manchu-Japanese Mixed Forest）
	群系　温帯広葉樹林および亜寒帯落葉低木密生林
	（Temperate broad-leaf forests or woodlands, and subpolar deciduous thickets）
普遍的価値	日本に残された最後の原始地域
学術的価値	自然科学、動物学、植物生態学
動　物	ヒグマ、エゾシカ、オジロワシ、トド、アザラシ、シャチ、シマフクロウ、オジロワシ、ウミウ、オオセグロカモメ
植　物	ミズナラ、ハリギリ、エゾマツ、トドマツ、ハイマツ、シレトコスミレ
所在地	北海道斜里郡斜里町、目梨郡羅臼町
面　積	38,633ha
所　有	国有地 93.7%、公有地 2.0%、民有地 4.3%
地域地区	特保 60.9%、第1種 9.9%、第2種 8.4%、第3種 20.8%、普通 0%
保　護	自然公園法　知床国立公園（1964年6月1日指定）
	国有林野の管理・経営に関する法律　知床森林生態系保護地域（1990年4月指定）
	鳥獣保護法　国設鳥獣保護区（特定鳥獣生息地）　知床（1982年3月指定）
管　理	林野庁北海道森林管理局北見分局知床森林センター
	㈶自然トピアしれとこ管理財団
	環境省東北海道地区自然保護事務所
	〒085-8639　釧路市幸町10-3　　　　　　　　　☎0154-32-7500
	ウトロ自然保護官事務所
	〒099-4355　斜里郡斜里町ウトロ東208　　　　☎01522-4-2297
	羅臼自然保護官事務所
	〒086-1822　目梨郡羅臼町湯の沢388　　　　　☎01538-7-2402

ゆかりの人物	森繁久弥／加藤登紀子（知床旅情）、武田泰淳（ひかりごけ）
利活用	探勝、観光船、観賞、観察
利用上のマナー	●ゴミの持ち帰り ●植物を取らない ●動物に優しく ●登山者の心構え 　　皮膚を露出しない 　　雨具、食料など十分な備えを
見　所	●知床岬（ウトロから知床岬を往復する船。大型の観光船と、自然観察を目的とした小船ネイチャーウォッチングボートがある） ●羅臼岳（1661m。知床半島中央部にあり、7月中旬まで雪渓が残る。高山植物の種類が300種類以上にのぼる。日本百名山） ●硫黄山（1562m。現在も火山活動が続く。大量の熔岩硫黄を噴出する。） ●知床岳（1254m） ●知床五湖（知床連山の雨や雪が地下水となって湧き出して形成された湖） ●知床峠（知床横断道路の最高地点にある標高738mの峠） ●フレペの滝（高さ100mの断崖絶壁からオホーツク海に流れ落ちる滝） ●岩尾別海岸（流氷が流れ着く。夕日が美しい海岸）
年間利用者数	229.2万人（2002年）
施　設	羅臼ビジターセンター 　〒086-1822　目梨郡羅臼町湯の沢388　　　　☎01538-7-2828 　羅臼を中心に知床の自然の展示施設やマルチスライドの上映など 知床自然センター 　〒099-4356　斜里郡斜里町字岩宇別531　　　　☎01522-4-2114 　自然環境や野生生物、公園利用に関する調査。観察会なども開催。 知床森林センター 　〒099-4113　斜里郡斜里町本町11　　　　　　☎01522-3-3009 斜里町立知床博物館 　〒099-4113　斜里郡斜里町本町49　　　　　　☎01522-3-1256
イベント	知床ファンタジア（斜里町　2月上旬～3月中旬）
関係市町村	北海道斜里郡斜里町、目梨郡羅臼町
世界遺産登録上	●海洋保護区の設定など生態系の保護 ●サケの遡上を阻む河川工作物の撤去
活　動	羅臼町100年記念事業で、知床世界遺産シンポジウムや世界遺産登録先進地交流推進事業を実施している。
備　考	●ナショナル・トラスト団体の「知床100平方メートル運動」（斜里町）1977年に知床の開拓の跡地を開発の危機から救う為に始まり、1997年からは、保全した土地にかつての原生林や生物相を復元する為の運動を展開している。 ●知床国立公園指定40周年（2004年6月1日）

シンクタンクせとうち総合研究機構　発行

誇れる郷土ガイド−日本の国立公園編− 知床国立公園

夏の知床五湖

羅臼岳

誇れる郷土ガイドー日本の国立公園編ー　知床国立公園

海から見た知床連山

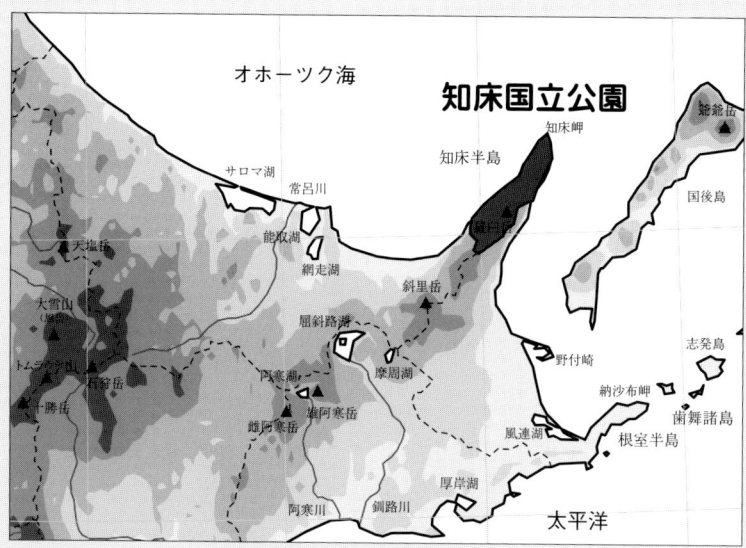

交通アクセス　●斜里町へは、女満別空港から車で、国道244号線経由、約1時間。
　　　　　　　●羅臼町へは、中標津空港から車で約1時間。

阿寒国立公園

概　要	阿寒国立公園は、北海道の道東中央部にある。阿寒国立公園は、千島火山帯の活動によってできた阿寒、屈斜路、摩周のカルデラ地形を基盤とし、阿寒岳や雄阿寒岳などの火山や阿寒湖、屈斜路湖、摩周湖などの湖が織りなす豊かな原始的景観を有する公園であり、火山の恵みを受けた温泉現象を数多く見られる。阿寒カルデラは、阿寒国立公園内の最高峰で活火山の雌阿寒岳（1,499m）をはじめ、雄阿寒岳、フップシ岳、木禽岳などの火山と、国の特別天然記念物に指定されているマリモが生息する阿寒湖、パンケトー、ペンケトー、オンネトーなどの美しい湖沼群と、その周囲に広がるエゾマツ、トドマツを主体とした亜寒帯性の原生林とが見事に調和し、雄大な北方的景観を呈している。屈斜路カルデラでは、美幌峠から見るわが国最大のカルデラ湖屈斜路湖や硫黄山などの見所も多い。摩周カルデラでは、世界有数の透明度を誇る摩周湖があり、カルデラ南東壁には摩周岳がある。
分　類	国立公園、自然景観、日本
Udvardyの地域区分　界	旧北界（The Palaearctic Realm）
地区	混交林（日本・満州）（Manchu-Japanese Mixed Forest）
群系	温帯広葉樹林および亜寒帯落葉低木密生林 （Tempcrate broad-leaf forests or woodlands, and subpolar deciduous thickets）
普遍的価値	火山と森と湖が織りなす豊かな原始的景観
学術的価値	地形学、地質学
動　物	ヒグマ、エゾシカ、オオハクチョウ、キタキツネ、クマゲラ
植　物	エゾマツ、トドマツ、メアカンキンバイ、メアカンフスマ、アカンスゲ、マリモ
所在地	北海道
面　積	90,481ha
所　有	国有地 86.9％、公有地 0.3％、民有地 12.8％
地域地区	特保 11.5％、第1種 22.4％、第2種 27.0％、第3種 19.6％、普通 19.5％
保　護	自然公園法　阿寒国立公園（1934年12月4日指定） 文化財保護法　特別天然記念物　マリモ 　　　　　　　天然記念物　和琴ミンミンゼミ
管　理	環境省東北海道地区自然保護事務所 　〒085-8639　釧路市幸町10-3　　　　　　　℡0154-32-7500 川湯自然保護官事務所 　〒088-3465　川上郡弟子屈町川湯温泉2-2-1　℡01548-3-2335 阿寒湖自然保護官事務所 　〒085-0467　阿寒郡阿寒町字阿寒湖温泉1-1-1　℡0154-67-2624
利用上のマナー	●ゴミの持ち返り ●植物を取らない ●動物に優しく ●登山者の心構え

利活用	観光
ゆかりの人物	布施明（霧の摩周湖）
見　所	●阿寒湖（湖上には4つの島が点在。南岸には温泉が湧く。マリモの生息地） ●阿寒湖遊覧船（大島、小島、滝口などを周遊） ●パンケトー、ペンケトー（アイヌ語で「下の沼、上の沼」という意味） ●オンネトー（アイヌ語で「年老いた沼」という意味） ●雌阿寒岳（1499m。阿寒湖の西、今も活動中の火山で、頂上では爆裂火口が見られる。中マチネシリ、マチネシリ、阿寒富士、南岳、北山、西山、東岳、1042m峰の8つの火山体に分かれる） ●雄阿寒岳（1371m。アカエゾマツ、トドマツなどの原生針葉樹林が広がる） ●フップシ岳（1226m） ●木禽岳（994m） ●屈斜路湖（アイヌ語で「湖が川になり流れだす所」という意味。サロマ湖に次いで道内2位の大きさの湖。カルデラ湖としては、わが国最大。） ●砂湯（屈斜路湖畔の砂を掘ると熱い温泉がしみ出す） ●屈斜路湖遊覧船 ●美幌峠（標高525mの展望台からは、中島が浮かぶ屈斜路湖の景観が見事） ●硫黄山（エゾイソツツジの大群落が見られる） ●摩周湖（世界有数の透明度を誇る湖。流出入する川が一切ない） ●摩周湖第一展望台、第三展望台、裏摩周展望台 ●摩周岳（858m。カムイヌプリとも言う。アイヌ語で「魔人の山」という意味）
年間利用者数	609.9万人（2002年）
施　設	マリモ展示観察センター「トーラサンペ」 　〒085-0200　阿寒郡阿寒町阿寒湖チュウルイ島　　☎0154-67-2505 阿寒湖畔エコミュージアムセンター 　〒085-0467　阿寒郡阿寒町阿寒湖温泉1丁目1-1　　☎0154-67-4100 川湯エコミュージアムセンター 　〒088-3465　川上郡弟子屈町川湯温泉2丁目3-1　　☎01548-3-4100 　阿寒国立公園内の動植物をパネルや標本で展示 釧路圏摩周観光文化センター 　〒088-3201　川上郡弟子屈町摩周3丁目3-1　　☎01548-2-1811 　阿寒国立公園内の動植物をパネルや標本で展示
関係市町村	網走郡（東藻琴村、美幌町、津別町）、斜里郡（清里町、小清水町）、足寄郡（足寄町）、川上郡（標茶町、弟子屈町）、阿寒郡（阿寒町）白糠郡（白糠町）、標津郡（中標津町）
世界遺産運動	摩周湖世界遺産登録実行委員会
備　考	●阿寒国立公園指定70周年（2004年12月4日） ●環境省と林野庁が2003年3月に設置した世界自然遺産候補地に関する検討会で、阿寒・屈斜路・摩周は、詳細に検討すべき19地域に選定された。 ●阿寒湖は、2005年11月にウガンダのカンパラで開催される「第9回ラムサール条約締約国会議」での日本の新登録湿地の有力候補の一つに挙がっている。

シンクタンクせとうち総合研究機構　発行

誇れる郷土ガイド-日本の国立公園編- 阿寒国立公園

阿寒

摩周湖

阿寒湖

シンクタンクせとうち総合研究機構 発行

美幌峠からの屈斜路湖

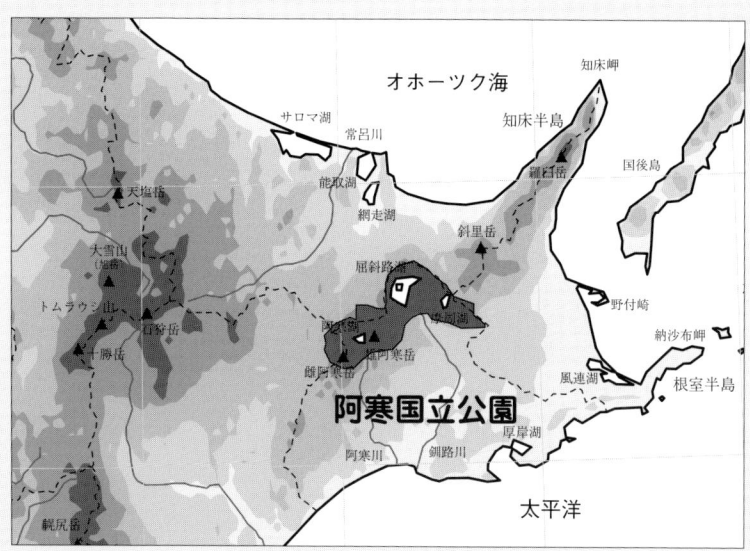

交通アクセス　●阿寒湖へは、JR釧路駅からバスで2時間。釧路空港からバスで1時間30分。
　　　　　　　●摩周湖へは、阿寒湖畔からバスで1時間20分。

釧路湿原国立公園

概　要　　　釧路湿原国立公園は、北海道の東部にあり、釧路川下流に広がるわが国最大の釧路湿原を区域とし、湿原と周辺の塘路湖、シラルトロ湖などの湖沼からなる広大な水平景観を有する。展望台からは、広大な湿原とともに、蛇行する釧路川や三日月湖を見ることができる。ガン・カモ類、シギ・チドリ類など多くの水鳥が飛来タンチョウやオジロワシなどの希少な野生生物の生息地である。釧路湿原は、ヨシやスゲ類が生育する低層湿地が大部分を占めており、蛇行する川の自然堤防地や氾濫原にはハンノキ林がみられる。釧路湿原は、1980年6月17日に、わが国で最初のラムサール条約の登録湿地になった。

分　類	国立公園、自然景観、日本
Udvardyの地域区分	界　旧北界（The Palaearctic Realm）
普遍的価値	わが国で最初のラムサール条約の登録湿地
学術的価値	植物学、動物学
動　物	エゾシカ、キタキツネ、タンチョウ、オジロワシ、シマヘビ、アオダイショウ、キタサンショウウオ、エゾサンショウウオ、淡水魚（イトウ、スナヤツメ、エゾウグイ、イバラトミヨなど）、溯河、降下型（サクラマスなど）エゾカオジロトンボ、イイジマルリボシヤンマ
植　物	ケヤマハンノキ、ハンノキ、ミズナラ、フクジュソウ、アズマイチゲ、ミズバショウ、フッキソウ、カブスゲ、クロユリ、ミツガシワ、ヒメカイウ、オオバナノエンレイソウ、ツルコケモモ、ホザキノシモツケ、タヌキモ、ヒシ、モウセンゴケ、エゾトリカブト、エゾリンドウ
所在地	北海道
面　積	26,861ha
所　有	国有地 55.7％、公有地 12.4％、民有地 31.9％
地域地区	特保 24.2％、第1種 6.6％、第2種 12.5％、第3種 25.2％、普通 31.6％
保　護	**自然公園法**　釧路湿原国立公園（1987年7月31日指定） **鳥獣保護法**　国設鳥獣保護区（特定鳥獣生息地）　釧路湿原（1958年11月指定） **ラムサール条約**　登録湿地 7,863ha **文化財保護法**　天然保護区域　釧路湿原 　　　　　　　　特別天然記念物　タンチョウ
管　理	環境省東北海道地区自然保護事務所 　〒085-8339　釧路市幸町10-3　　　　　℡0154-32-7500 東北海道地区自然保護事務所釧路支所 　〒084-0922　釧路市北斗2-2101　　　　℡0154-56-2345 釧路自然保護官事務所 　〒084-0922　釧路市北斗2-2101　釧路支所内　℡0154-56-2355
ゆかりの人物	水森かおり（釧路湿原）
利活用	観光、教育

見　所	●コッタロ湿原展望地（原始河川沼地と低層湿原が広がる。釧路湿原のサンプル）
	●コッタロ第一展望台（コッタロ川の蛇行と三日月湖を見ることができる）
	●釧路市湿原展望台（湿原の生い立ちや湿原の動植物、遺跡、地形などを展示。遊歩道があり、自然探勝路のコースになっている）
	●北斗遺跡（湿原西側に広がる遺跡で、復元された竪穴式住居跡がある）
	●塘路湖（湿原最大の湖。夏はカヌー、冬には氷上でワカサギ釣りができる）
	●シラルトロ湖（鳥類の楽園。真冬でも湖水は凍らず白鳥、オオワシが飛来）
	●細岡展望台（遠くに雄阿寒、雌阿寒の連峰が望める。朝霧と夕焼けが美しい）
	●サルボ展望台（湿原と塘路湖が見える）
	●釧路湿原ノロッコ号（釧路駅～塘路駅）
	●SL冬の湿原号（釧路駅～標茶駅　※期日限定で釧路駅～川湯温泉駅も運行）
年間利用者数	46.8万人（2002年）
施　設	温根内ビジターセンター
	〒085-1145　阿寒郡鶴居村字温根内　　　　　℡0154-65-2323
	釧路湿原を訪れる人達の情報ステーション
	塘路湖エコミュージアムセンター「あるこっと」
	〒088-2264　川上郡標茶町字塘路原野　　　　℡01548-7-3003
	釧路湿原の生態についてジオラマで説明。常駐の指導員の解説あり
	細岡ビジターズラウンジ
	〒088-2140　釧路郡釧路町達古武22-9　　　　℡015440-4455
	釧路湿原野生生物保護センター
	湿原と希少野生動植物の保護をテーマにした展示を公開
	〒084-0922　釧路市北斗2-2101　　　　　　　℡0154-56-2345
	釧路湿原内を流れる釧路川、シラルトロ湖
	釧路市湿原展望台
	〒084-0922　釧路市北斗6-11　　　　　　　　℡0154-56-2424
自然観察会	●湿原探鳥会
	●みどりの日の湿原探鳥会
	●湿原ハイク
	●湿原花ハイク
	●クリーンウォーク観察会
イベント	●塘路湖の御神渡り（1月）
	●シラルトロ湖のワカサギ釣り大会（2月）
	●釧路湿原全国車いすマラソン大会（8月）
関係市町村	釧路市、釧路郡（釧路町）、川上郡（標茶町）、阿寒郡（鶴居村）
世界遺産運動	活動は休止状態
備　考	●釧路湿原自然再生プロジェクト
	●1993年6月に釧路市で、第5回ラムサール条約締約国会議が開催されている。

誇れる郷土ガイド－日本の国立公園編－　釧路湿原国立公園

釧路湿原

釧路湿原

釧路湿原

誇れる郷土ガイドー日本の国立公園編ー　釧路湿原国立公園

釧路川

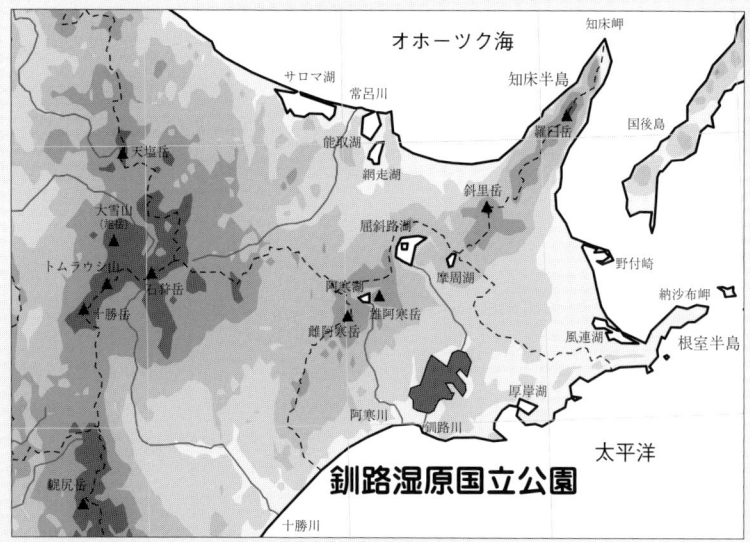

釧路湿原

交通アクセス
● 釧路市湿原展望台へは、釧路空港から車で約20分。JR釧路駅からバスで約40分。
● 温根内ビジターセンターへは、JR釧路駅からバスで約1時間。

シンクタンクせとうち総合研究機構　発行

大雪山国立公園

概　要	大雪山国立公園は、北海道の中央部にあるわが国最大の面積を誇る広大な原始山岳環境の公園。大雪山は、一つの山の名称ではなく、北海道の中央高地を形づくる山々の集まりを指す。お鉢カルデラ（爆裂火口の凹地）を形成する大雪火山群、今も噴煙をあげる十勝岳（2077m）を主峰とする十勝岳火山群、然別湖周辺の然別火山群及び非火山性の石狩岳（1962m）山群などからなるため通称「北海道の屋根」と呼ばれている。これらの3つの山群の陵線部には、広大なお花畑や湿原が、また山腹や山麓では針葉樹林が広がっている。

分　類		国立公園、自然景観、日本
Udvardyの地域区分	界	旧北界（The Palaearctic Realm）
	地区	混交林（日本・満州）（Manchu-Japanese Mixed Forest）
	群系	温帯広葉樹林および亜寒帯落葉低木密生林 （Temperate broad-leaf forests or woodlands, and subpolar deciduous thickets）
普遍的価値		わが国最大の国立公園
学術的価値		自然科学、植物生態学
植　生		エゾマツ・トドマツ・シナノキ等の針広混交林、エゾマツ・トドマツの針葉樹林、ダテカンバ林、ハイマツ群落、キバナシャクナゲ・エゾノツガザクラ等の高山植物群落、ホソバウルップソウ・ジンヨウキスミレ・ダイセツリカブト等の固有植物
動　物		ヒグマ・エゾシカ・エゾオコジョ・エゾシマリス・エゾナキウサギ・クロテン・エゾイタチ・キタキツネ等のほ乳類、 ホシガラス・クマゲラ・シマフクロウ等の鳥類
昆虫類		ウスバキチョウ・アサヒヒョウモン・ダイセツタカネヒカゲ・カラフトルリシジミ等の高山蝶
所在地		北海道
面　積		226,764ha
土地所有		国有地　94.7％、公有地　4.3％、民有地　0.9％
地域地区別		特保　16.2％、第1種　13.1％、第2種　9.8％、第3種　41.8％、普通　19.1％
保　護		**自然公園法**　大雪山国立公園（1934年12月4日指定） **自然環境保全法**　原生自然環境保全地域　十勝川源流部（1977年12月28日指定） **国有林野の管理・経営に関する法律**　大雪山中別川源流部森林生態系保護地域 **鳥獣保護法**　国設鳥獣保護区（大規模生息地）　大雪山（1992年3月指定） **文化財保護法**　天然保護区域　大雪山
管　理		環境省西北海道地区自然保護事務所 　　〒060-0042　札幌市中央区大通西10丁目札幌第二合同庁舎6F　☎011-272-1631 上川自然保護官事務所 　　〒078-1751　上川郡上川町本町41　　　　　　　　　　　☎01658-2-2574 東川自然保護官事務所 　　〒071-1323　上川郡東川町東町1-13-15　　　　　　　　☎0166-82-2527

	上士幌自然保護官事務所 〒080-1408　河東郡上士幌町字上士幌東3線235-33　℡01564-2-3337
利活用	●農林業 ●渓谷美探勝（層雲峡、大函、小函、天人峡） ●温泉浴（旭岳温泉、糠平温泉、白金温泉） ●登山（旭岳、黒岳） ●スキー場 ●ロープウェイ（黒岳ロープウェイ、旭岳ロープウェイ） ●遊覧船（然別遊覧船） ●ボート・カヌー（然別湖、糠平湖、大雪湖）
見　所	●層雲峡（渓谷美） ●深山峠 ●大雪山（日本百名山。旭岳2290mは大雪山の最高峰） ●旭岳の山の生き物（環境省選定残したい日本の音風景百選のひとつ。旭岳温泉街にあるコマクサコース、見晴台コース、クマゲラコース、ナナカマドコースの4つの自然探勝路で、ナキウサギの声やコマドリ、ミソサザイ、ルリビタキなどの野鳥の声を聞くことができる） ●白雲岳（2229m） ●黒岳（1984m） ●トムラウシ岳（2141m。日本百名山） ●十勝岳（2077m。日本百名山） ●天人峡（羽衣の滝、敷島の滝など） ●然別湖（ネイチャーセンターでカナディアンカヌーが体験できる） ●糠平湖（音更川のダム湖。周囲は原生林に囲まれ自然観察などが楽しめる） ●姿見の池周辺、裾合平、沼の原、五色ヶ原などのお花畑
年間利用者数	627万人（2002年）
イベント	層雲峡氷爆まつり（上川町　2月上旬〜3月上旬）
施設	旭岳ビジターセンター 　〒071-1425 上川郡東川町旭岳温泉　℡0166-97-2153 層雲峡ビジターセンター 　〒078-1701 上川郡上川町字層雲峡　℡01658-9-4400 ひがし大雪博物館　〒080-1403 河東郡上士幌町糠平温泉　℡01564-4-2323 高原温泉鳥獣保護管理棟（ヒグマ情報センター） 　〒078-1701 上川郡上川町字層雲峡（高原温泉）　℡なし
関係市町村	旭川市、富良野市、上川郡（上川町、東川町、美瑛町、新得町）、空知郡（上富良野町、南富良野町）、河東郡（士幌町、上士幌町、鹿追町）
世界遺産運動	大雪山国立公園の魅力再発見運動 上川中部地区広域市町村圏振興協議会 （事務局　旭川市企画財政部内　〒070-8525 旭川市6条通9丁目 ℡0166-25-5358）
目　的	自然保護、観光振興
備　考	●大雪山国立公園指定70周年（2004年12月4日） ●環境省と林野庁が2003年3月に設置した世界自然遺産候補地に関する検討会で、大雪山は、詳細に検討すべき19地域に選定された。

誇れる郷土ガイドー日本の国立公園編ー　大雪山国立公園

大雪山連峰

大雪山旭岳

大雪山

24　　　　　　　　　　　　　　　　　　　　シンクタンクせとうち総合研究機構　発行

誇れる郷土ガイド-日本の国立公園編- 大雪山国立公園

十勝岳連峰

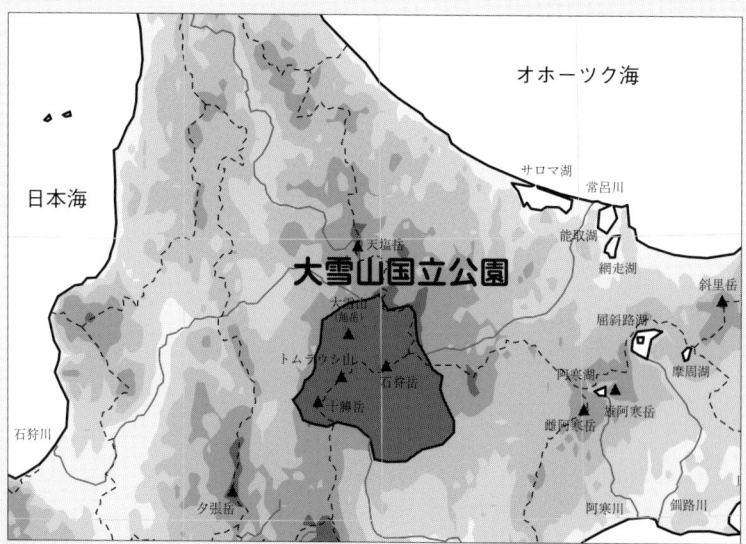

交通アクセス　●層雲峡ビジターセンターへは、旭川からバスで1時間50分。JR上川から30分。

シンクタンクせとうち総合研究機構　発行

支笏洞爺国立公園

概　要	支笏洞爺国立公園は、北海道の南西部にある。支笏湖、洞爺湖の二大カルデラを中心として、羊蹄山、恵庭岳や、有珠山、昭和新山、樽前山などの新しくできた火山など、活発に活動をする後志火山群の個性的な山岳風景を見ることができる。エゾマツ、トドマツ、ミズナラなど針広混交林が主体であるが、羊蹄山では、ダケカンバ林・高山植物群落への植物の垂直分布が見られる。ヒグマ、キタキツネ、エゾシカ、クマゲラなど多くの野生生物が生息している。支笏湖、洞爺湖は、北限の不凍湖としても有名。公園地域には、いたるところに温泉が湧いており、登別温泉、洞爺湖温泉、定山渓温泉、丸駒温泉、カルルス温泉など多くの温泉地がある。

分　類	国立公園、自然景観、日本
Udvardyの地域区分	界　旧北界（The Palaearctic Realm）
普遍的価値	支笏・洞爺の二大カルデラ湖、羊蹄山等の火山と多くの温泉地
学術的価値	地形学、地質学
動　物	ヒグマ、キタキツネ、テン、エゾシカ、ユキウサギ、クマゲラ
植　物	エゾマツ、トドマツ、ミズナラなど針広混交林、無意根山大蛇ヶ原の湿原植物群落、樽前山付近のイワブクロ・エゾイソツツジ等の高山植物群落
所在地	北海道
面　積	99,473ha
所　有	国有地 89.0％、公有地 6.8％、民有地 4.2％
地域地区	特保 2.7％、第1種 29.3％、第2種 17.5％、第3種 10.5％、普通 40.0％
保　護	**自然公園法**　支笏洞爺国立公園（1949年5月16日指定） **国有林野の管理・経営に関する法律**　漁岳周辺森林生態系保護地域（1996年4月指定） **文化財保護法**　天然記念物　羊蹄山高山植物帯
管　理	環境省西北海道地区自然保護事務所 　〒060-0042　札幌市中央区大通西10丁目札幌第二合同庁舎6F　℡011-272-1631 西北海道地区自然保護事務所苫小牧支所 　〒052-0018　苫小牧市旭町4-6-5-104　　　　　　　　　℡0144-31-5771 支笏湖自然保護官事務所 　〒066-0281　千歳市支笏湖温泉　　　　　　　　　　　　℡0123-25-2350 洞爺湖自然保護官事務所 　〒049-5721　虻田郡虻田町洞爺湖温泉町142-25　　　　　℡0142-75-2548
利活用見所	有珠山ロープウェー、登別ロープウェー、支笏湖遊覧船、洞爺湖湖上遊覧 ● 定山渓（石英班岩の断層から湧き出す温泉がある。札幌からも近い） ● 中山峠（蝦夷富士と呼ばれる羊蹄山を望むビューポイント） ● 羊蹄山（1,898m。蝦夷富士と呼ばれる成層火山） ● 支笏湖（最深360m、田沢湖に次いで水深第2位の湖。不凍湖の北限） ● 美笛の滝（支笏湖の西にある落差50mの岩肌を流れ落ちる滝） ● オコタンペ湖（恵庭岳の西麓にある周囲約5kmの堰止湖）

- 洞爺湖（周囲約43kmのカルデラ湖。支笏湖と同じく冬でも凍らない湖）
- 有珠山（737m。洞爺湖の南に位置する。2000年に噴火）
- 昭和新山（402m。昭和18年12月に有珠山の噴火により誕生した）
- 登別・オロフレ峠（登別温泉と洞爺湖の中間地点にあり、羊蹄山、噴火湾、洞爺湖などの雄大な風景が一望できる。）
- 登別地獄谷（湯けむりは、環境省選定のかおり風景100選に選ばれている）
- のぼりべつクマ牧場
- ふきだし公園（羊蹄のふきだし湧水は名水百選に選定されている）

年間利用者数	1343.1万人（2002年）
施　　設	支笏湖ビジターセンター 　〒066-0281　千歳市支笏湖温泉番外地　　TEL 0123-25-2453 洞爺湖森林博物館 　〒049-5721　虻田郡虻田町字洞爺温泉　　TEL 0142-75-4400 虻田町立火山科学館 　〒049-5721　虻田郡虻田町字洞爺湖温泉町142　　TEL 0142-75-4400 登別美化センター 　〒059-0551　登別市登別温泉町無番地　　TEL 0143-84-3141 のぼりべつクマ牧場 　〒059-0551　登別市登別温泉町224　　TEL 0143-84-2225 昭和新山美化センター 　〒052-0102　壮瞥町字昭和新山　　TEL 0142-75-2241 支笏湖畔国民休暇村 　〒066-0281　千歳市支笏湖温泉　　TEL 0123-25-2201
イベント	●千歳・支笏湖氷濤まつり（1月下旬） ●昭和新山国際雪合戦（2月） ●洞爺湖ロングラン花火大会（4月28日～10月31日） ●支笏湖湖水まつり（6月） ●羊蹄山ひらふ登山口コース開き（6月） ●昭和新山火まつり（8月21、22日）
関係市町村	札幌市、苫小牧市、千歳市、登別市、恵庭市、伊達市、虻田郡（ニセコ町、真狩村、喜茂別町、京極町、倶知安町、虻田町、洞爺村）、有珠郡（大滝村、壮瞥町）、白老郡（白老町）
備　　考	●支笏洞爺国立公園指定60周年（2009年5月16日） ●「登別地獄谷の湯けむり」は、環境省の「かおり風景百選」に選ばれている。 ●第11回冬季オリンピック札幌大会での滑降コースは、恵庭岳につくられたが、自然保護の観点から自然公園法の許可条件に基づき、大会終了と共にコースは閉鎖され、緑化復元が図られている。

支笏湖

洞爺湖

誇れる郷土ガイドー日本の国立公園編ー　支笏洞爺国立公園

羊蹄山

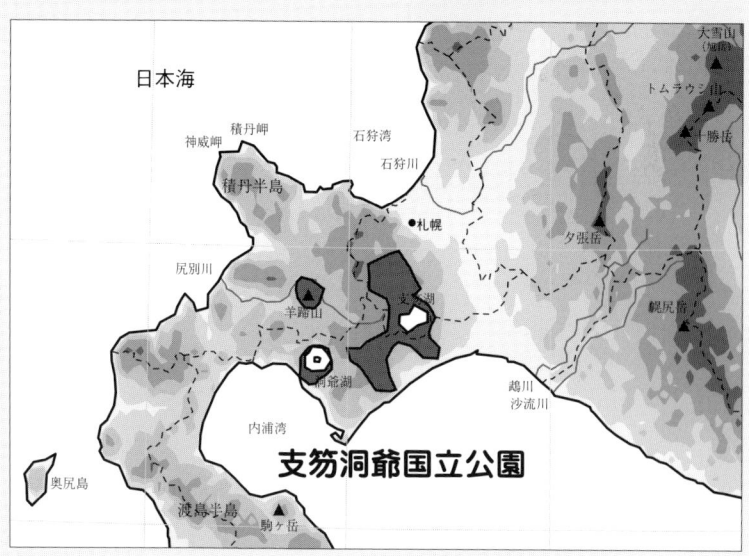

支笏洞爺

交通アクセス　●支笏湖へは、札幌市内から車で約1時間。新千歳空港からバスで約1時間。
　　　　　　　●洞爺湖へは、新千歳空港からバスで2時間。札幌からバスで2時間40分。

シンクタンクせとうち総合研究機構　発行

十和田八幡平国立公園

概　要　　十和田八幡平国立公園は、青森県、岩手県、秋田県の三県にまたがる、東北を代表する山岳地帯で、山と湖沼により形成されている。十和田八幡平国立公園は、那須火山帯に属し、十和田湖、奥入瀬渓流、八甲田山系を含む十和田・八甲田地域と八幡平、岩手山、駒ヶ岳等を含む八幡平地域の2つの地域に大別し、管理されている。十和田・八甲田地域は、湖水、渓流、山岳、湿原等の優れた自然景観や原始性の高い雄大な森林景観を有し、多くの野生生物の生息地になっている。一方、八幡平地域は、1956年7月に追加指定され、現在の公園名になった。多種多様な火山地形、火山現象からなる火山景観や原始性の高い雄大な森林景観を有している。

分　類	国立公園、自然景観、日本
Udvardyの地域区分	界　旧北界（The Palaearctic Realm）
普遍的価値	湖水、渓流、山岳、高層湿原等の優れた自然景観と多種多様な火山地形・火山現象からなる火山景観
学術的価値	地形学
動　物	モリアオガエル、カモシカ、オコジョ、クマゲラ、ヒメマス
植　物	アオモリトドマツ原始林、ブナ、コマクサ、チングルマ、ヒナザクラ、イワイチョウ
所在地	青森県、秋田県、岩手県
面　積	85,551ha
所　有	国有地 92.9％、公有地 1.4％、民有地 5.7％
地域地区	特保 15.6％、第1種 20.6％、第2種 27.9％、第3種 31.1％、普通 4.8％
保　護	**自然公園法**　十和田八幡平国立公園（1936年2月1日指定） **国有林野の管理・経営に関する法律**　葛根田川・玉川源流部森林生態系保護地域（1991年4月指定） 八甲田山森林生物遺伝資源保存林（1997年3月指定） 八幡平植物群落保護林 **鳥獣保護法**　国設鳥獣保護区（大規模生息地）　十和田（1953年10月指定） **文化財保護法**　天然保護区域　十和田湖及び奥入瀬渓流 天然記念物　秋田駒ヶ岳高山植物帯 特別名勝　十和田湖及び奥入瀬渓流
管　理	環境省東北地区自然保護事務所 〒980-0014　宮城県仙台市青葉区本町3-2-23 仙台第2合同庁舎　℡022-722-2870 十和田自然保護官事務所 〒018-5501　青森県十和田市大字奥瀬字十和田16　℡0176-75-2728 八幡平自然保護官事務所 〒018-5201　秋田県鹿角市花輪字向畑123-4　℡0186-30-0330 ㈳十和田湖国立公園協会 〒018-5501　青森県十和田市大字奥瀬字十和田16　℡0176-75-2425

	(社)八幡平国立公園協会
	〒020-8530　岩手県盛岡市内丸12-2 盛岡市役所観光課内　℡019-651-4111
利活用	観光、自然観察会、登山、山スキー、温泉保養
ゆかりの人物	和井内貞行「ヒメマス養殖」、高村光太郎「乙女の像」、 新田次郎「八甲田山死の彷徨」
見　所	
十和田・八甲田地域	●十和田湖（透明度12.5mの美しい二重カルデラ湖） ●乙女の像（十和田湖休屋の御前ヶ浜に立つブロンズ像。高村光太郎最後の作品） ●発荷峠（展望台からは、十和田湖、八甲田連峰が眺められる） ●奥入瀬渓流（約14kmにわたり14の滝と千変万化の流れが続く） ●銚子大滝、阿修羅の流れ（奥入瀬渓流の絶景スポット） ●八甲田連峰（大岳、高田大岳、赤倉岳、櫛ヶ峯、駒ヶ峯、乗鞍岳など）
八幡平地域	●八幡平アスピーテライン（八幡平の高原を横断するスカイライン。冬期閉鎖） ●岩手山（2038m。別名「南部片富士」） ●焼走り熔岩流（岩手山の噴火により流出した熔岩流が凝固したもの） ●秋田焼山（釣鐘状火山。火口には熔岩ドームがあり、火口湖が広がる） ●八幡平（1614m。盾状火山。日本百名山） ●八幡沼（アスピーテ型火山の火山湖。八幡平の火山湖の中では最大） ●乳頭山（1478m） ●駒ヶ岳（1637m。成層火山）
年間利用者数	875.8万人（2002年）（青森県270.6万人、秋田県412.2万人、岩手県193万人）
施　設	十和田ビジターセンター
	〒018-5501　青森県十和田市奥瀬十和田16　℡0176-75-2368 八幡平ビジターセンター
	〒018-5141　秋田県鹿角市八幡平後生掛地内　℡0186-31-2714 網張ビジターセンター
	〒020-0585　岩手県岩手郡雫石町網温泉地内　℡019-693-3777 玉川温泉ビジターセンター
	〒014-1205　秋田県仙北郡田沢湖町玉川字渋黒沢　℡0187-49-2277
イベント	●十和田湖冬物語（2月初旬～下旬） ●十和田湖湖水まつり（7月第三金・土・日） ●十和田湖ウォーク（7月下旬の日曜日） ●八幡平山開き（4月29日） ●岩手山開き（7月1日）
関係市町村	青森県：青森市、黒石市、十和田市、南津軽郡（平賀町） 岩手県：岩手郡（雫石町）、西根町、滝沢村、松尾村）、二戸郡（安代町）、 秋田県：鹿角市、鹿角郡（小坂町）、仙北郡（田沢湖町）
備　考	●十和田八幡平国立公園指定70周年（2006年2月1日）

十和田湖

奥入瀬渓流

誇れる郷土ガイド－日本の国立公園編－　十和田八幡平国立公園

八幡平

交通アクセス	●十和田湖へは、青森駅からまでバスで3時間15分。
	●八幡平へは、盛岡駅からバスで約2時間。

シンクタンクせとうち総合研究機構　発行

陸中海岸国立公園

概　要　　陸中海岸国立公園は、岩手県と宮城県北部の太平洋側に面した海岸地域にある。陸中海岸は、地形的には成因の異なる二つの部分から構成されている。一つは、宮古以北の海岸に見られる典型的な隆起海岸で、海岸段丘が発達し、高さ50～180mに及ぶ大規模な断崖と岩礁景観が連続している。一方、宮古以南の海岸に見られるのは陸地の沈降によってできた典型的なリアス式海岸であり、太平洋に長く突き出た半島や岬とこれらに抱かれた湾や入り江により構成されている。北上山地の一部であるこの地域の地質は古生層を基盤としているが、多くの箇所で花崗岩、石英粗面岩、安山岩等の火成岩類が貫入し、複雑な岩相を呈している。また、田野畑海岸、田老海岸、碁石海岸等では中生代白亜紀の地層が見られ、化石に富むものとされている。

分　類	国立公園、自然景観、日本
Udvardyの地域区分	界　旧北界（The Palaearctic Realm）
	地区　夏緑樹林（東アジア）（Oriental Deciduous Forest）
	群系　常緑広葉樹林および低木林、疎林（Evergreen sclerophyllous forests, scrubs or woodlands）
普遍的価値	典型的な隆起海岸とリアス式海岸
学術的価値	地形学
動　物	カモシカ、シカ、ウミネコ、クロコシジロウミツバメ、ヒメクロウミツバメ、オオミズナギドリ
植　物	シロバナシャクナゲ、ハナマス、ハマギク、コハマギク、タブ、イヌシデ、トベラ
所在地	岩手県、宮城県
面　積	12,212ha
所　有	国有地 22.0%、公有地 24.7%、民有地 53.3%
地域地区	特保 3.6%、第1種 7.2%、第2種 43.3%、第3種 30.2%、普通 15.7%
保　護	**自然公園法**　陸中海岸国立公園（1955年5月2日指定）
	気仙沼海中公園
	鳥獣保護法　国設鳥獣保護区（集団繁殖地）　日出島（1982年11月指定）
	国設鳥獣保護区（集団繁殖地）　三貫島（1981年11月指定）
管　理	環境省東北地区自然保護事務所
	〒980-0014　宮城県仙台市青葉区本町3-2-23　仙台第2合同庁舎　☎022-722-2870
	宮古自然保護官事務所
	〒027-0001　岩手県宮古市日立浜町11-30　　　　　　　　　　☎0193-62-3912
	大船渡自然保護官事務所
	〒022-0001　岩手県大船渡市末崎町大浜221-117　　　　　　　☎0192-29-2759
利活用	観光、自然探勝、魚釣、海水浴

見　所	
宮古以北地域	●浄土ヶ浜（日本の渚・百選、日本の水浴場88選、日本のかおり百選） ●北山崎（壮大な断崖景観。リアス式海岸を代表する海岸美） ●宮古のウミネコ繁殖地
宮古以南地域	●船越半島（壁岩、磯、赤松など海洋性原生自然の景観に優れている） ●赤平金剛（船越半島の東側に位置する高さ350mの大絶壁） ●大釜崎（船越半島の南東に位置し、垂直に切り立った崖と大きな岩礁に囲まれた水路がある。「海のクレバス」と呼ばれる。） ●山田湾（船越半島と重茂半島に囲まれた湾。穏やかな景色が広がる） ●碁石海岸（日本の渚・百選） ●穴通磯（碁石海岸を代表する景観。巨大な岩が波の浸食により3つの穴が空いている。遊覧船でこの穴をくぐることができる。） ●広田半島（陸前高田市の東に突き出た半島で、奇岩怪石、断崖などが続く） ●気仙沼海中公園（グラスボートでの遊覧あり） ●巨釜・半造（唐桑半島の東側にある二つの岬。大理石の海蝕による奇岩が連続する。折石、八幡岩、貞任岩、トンネル岩など。巨釜と半造は遊歩道で結ばれている） ●折石（三陸大津波により先端が2mほど折れたことから折石と呼ばれている）
年間利用者数	773.8万人（2002年）（岩手県637.6万人、宮城県136.2万人）
施　設	宮古ビジターセンター 　〒027-0097　岩手県宮古市崎山姉ヶ崎　　　　　　☎0193-62-9911 休暇村陸中宮古 　〒027-0096　岩手県宮古市崎鍬ヶ崎18-25-3　　　　☎0193-62-9911 岩手県立水産科学館 　〒027-0001　岩手県宮古市日出浜町32-28　　　　　☎0193-63-5353 　全国初の水産専門科学館。サケ、アワビなどの魚類や養殖技術資料の展示。 唐桑半島ビジターセンター 　〒988-0554　宮城県本吉郡唐桑町字崎浜4-3　　　　☎0226-32-3029 　視聴覚による津波の体験をすることができる。
イベント	碁石海岸観光祭（5月3日〜5日）
関係市町村	岩手県：宮古市、大船渡市、久慈市、陸前高田市、釜石市、上閉伊郡（大槌町）、下閉伊郡（田老町、山田町、岩泉町、田野畑村、普代村）、九戸郡（野田村） 宮城県：気仙沼市、本吉郡（唐桑町）
備　考	●陸中海岸国立公園指定50周年（2005年5月2日） ●環境省と林野庁が2003年3月に設置した世界自然遺産候補地に関する検討会で、陸中海岸は、詳細に検討すべき19地域に選定された。 ●「陸中海岸国立公園」を「三陸海岸国立公園」へと改称する動きがある。

誇れる郷土ガイド-日本の国立公園編- 陸中海岸国立公園

陸中海岸

陸中海岸 北山崎

小袖海岸

シンクタンクせとうち総合研究機構　発行

誇れる郷土ガイドー日本の国立公園編ー　陸中海岸国立公園

陸中海岸

気仙沼湾大島

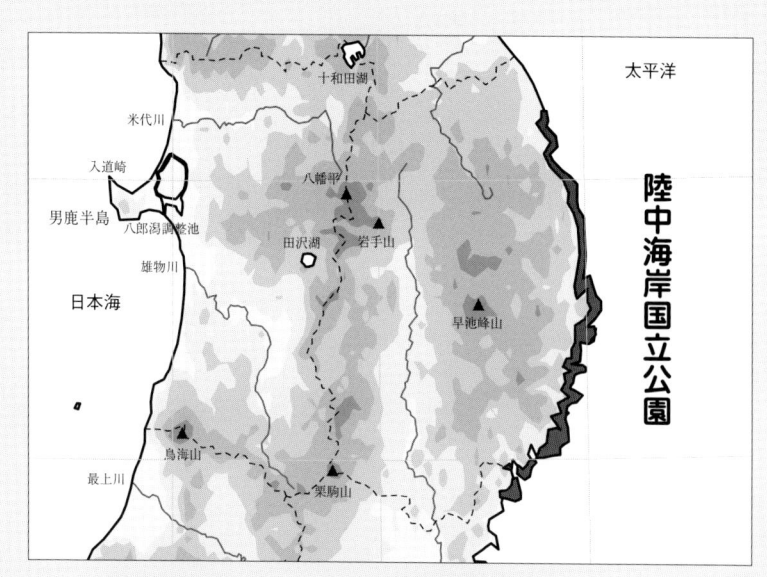

陸中海岸国立公園

交通アクセス
- 唐桑ビジターセンターへは、JR大船渡線鹿折唐桑駅からバスで国民宿舎前下車。東北自動車道一関ICより1時間40分。
- 宮古ビジターセンターへは、JR三陸鉄道宮古駅よりバスで25分。東北自動車道盛岡南ICより2時間30分。

シンクタンクせとうち総合研究機構　発行

磐梯朝日国立公園

概　要	磐梯朝日公園は、東北地方の中南部にある。出羽三山（羽黒山、月山、湯殿山）から朝日連峰にかけての一帯、飯豊連峰の一帯、磐梯・吾妻の火山群と裏磐梯高原の一帯、わが国4番目の広さの猪苗代湖（10,400ha）一帯の地域からなるわが国で3番目の広さを有する公園である。出羽三山は、古くから山岳信仰の霊山とされ、今なお、修験道の修行の場として、多くの行者が訪れる。有数の豪雪地帯である朝日・飯豊連峰の奥深い山々には雪食地形が見られる。磐梯山や猪苗代湖周辺は、登山、ハイキング、温泉浴、スキーなどのレクリエーション地として幅広く活用されている。
分　類	国立公園、自然景観、日本
Udvardyの地域区分	界　旧北界（The Palaearctic Realm） 地区　夏緑樹林（東アジア）（Oriental Deciduous Forest） 群系　常緑広葉樹林および低木林、疎林（Evergreen sclerophyllous forests, scrubs or woodlands）
普遍的価値	山岳信仰の地として名高い出羽三山、原始性の高い飯豊・朝日連峰、レクリエーション地として、多くの人が訪れる磐梯山や猪苗代湖周辺
学術的価値	地形学、地理学、歴史学
動　物	ツキノワグマ、ニホンザル、カモシカ、野鳥、ハクチョウ
植　物	ブナなどの落葉広葉樹林、湿原・雪田植生等が分布し、植物相は多様。
所在地	山形県、福島県、新潟県
面　積	186,404ha
所　有	国有地 88.2％、公有地 0.7％、民有地 12.3％
地域地区	特保 9.8％、第1種 17.5％、第2種 27.8％、第3種 37.3％、普通 7.6％
保　護	**自然公園法**　磐梯朝日国立公園（1950年9月5日指定） **国有林野の管理・経営に関する法律**　飯豊山周辺地森林生態系保護地域（1992年3月指定） 　　　　　　　　　　　　　　　　　　吾妻山周辺森林生態系保護地域（1995年2月指定） 　　　　　　　　　　　　　　　　　　朝日山地森林生態系保護地域（2003年4月指定） **鳥獣保護法**　国設鳥獣保護区（特定鳥獣生息地）　大鳥朝日（1984年11月指定） **文化財保護法**　天然保護区域　月山 　　　　　　　　特別天然記念物　羽黒山杉並木 　　　　　　　　特別天然記念物　カモシカ 　　　　　　　　天然記念物　吾妻八重白山シャクナゲ
管　理	環境省北関東地区自然保護事務所 　〒321-1434　栃木県日光市本町9-5　　　　　　　　☎0288-54-1076 裏磐梯自然保護官事務所 　〒969-2701　福島県耶麻郡北塩原村大字檜原字剣ヶ峯1093　☎0241-32-2221 羽黒自然保護官事務所 　〒997-0141　山形県東田川郡羽黒町大字荒川字谷地堰39-4　☎0235-62-4777
ゆかりの人物	森敦（月山）、野口英世（猪苗代町出身。猪苗代湖畔に記念館あり）

	高村光太郎、智恵子（智恵子の故郷）
利活用	夏季を中心に湖畔探勝、参拝、登山、ドライブ等、冬季はスキー利用が盛ん。 ＜代表的な利用拠点＞ ● 出羽三山（羽黒山・月山（日本百名山）・湯殿山）；信仰の山として著名で年間約150万人の参拝者で賑わう。 ● 桧原・小野川・秋元の３つの堰止湖と五色沼；磐梯山（1,819m）山麓にある野外レクリエーションのメッカ。 ● 磐梯山麓周辺スキー場；冬季利用のメッカ。
見　所	● 磐梯山（1819m。猪苗代湖側から見る姿を表磐梯、北塩原村から見る姿を裏磐梯という。日本百名山） ● 安達太良山（1700m。日本百名山） ● 大朝日岳（1870m。日本百名山） ● 飯豊本山（2105m。日本百名山） ● 猪苗代湖（わが国第4位の面積を有する断層湖。面積10480ha） ● 五色沼湖沼群（水に含まれた成分によって湖面の色が変化する） ● 桧原湖（裏磐梯にある磐梯山爆発によ堰止湖。面積1083ha）
年間利用者数	1,011万人（2002年）（山形県262.2万人、福島県725.7万人、新潟県23.1万人）
施　設	裏磐梯ビジターセンター 　〒969-2701　福島県耶麻郡北塩原村大字桧原字剣ヶ峰1093-697　☎0241-32-2850 磐梯山噴火記念館 　〒969-2701　福島県耶麻郡北塩原村大字桧原字剣ヶ峰1093-36　☎0241-32-2888 浄土平ビジターセンター 　〒960-2262　福島市在庭坂字石方1-4 吾妻・浄土平自然情報センター内　☎024-591-3600 浄土平天文台 　〒960-2157　福島市土湯温泉町字鷲倉山浄土平地内　☎024-543-0988 月山ビジターセンター 　〒997-0211　山形県東田川郡羽黒町大字手向字羽黒山147-5　☎0235-62-4321 山形県立自然博物園 　〒990-0734　山形県西村山郡西川町大字志津字姥ヶ岳　☎0237-75-2010
関係市町村	山形県：米沢市、西村山郡（西川町、朝日町、大江町）、最上郡（大蔵村）、西置賜（にしおきたま）郡（小国町、飯豊町）、東田川郡（立川町、羽黒町、櫛引町、朝日村） 福島県：福島市、会津若松市、郡山市、喜多方市、二本松市、安達郡（大玉村）、耶麻郡（北塩原村、塩川町、山都町、西会津町、磐梯町、猪苗代町） 新潟県：新発田市、北蒲原郡（黒川村）、東蒲原郡（鹿瀬町）、岩船郡（関川村、朝日村）
世界遺産運動	世界遺産創成プロジェクト（山形県）
活　動	勉強会、研究会、シンポジウムなど前向き、積極的
備　考	● 磐梯朝日公園指定55周年（2005年9月5日） ● 環境省と林野庁が2003年3月に設置した世界自然遺産候補地に関する検討会で、飯豊・朝日連峰は、詳細に検討すべき19地域に選定された。

シンクタンクせとうち総合研究機構　発行

磐梯山

朝日連峰

飯豊山

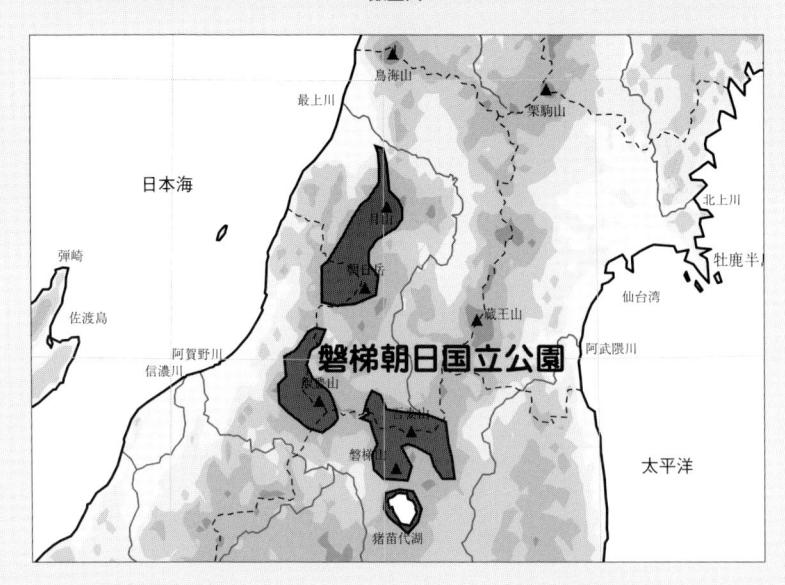

交通アクセス　●裏磐梯ビジターセンターへは、JR磐越西線猪苗代駅よりバスで20分。
　　　　　　　　磐越道猪苗代磐梯高原ICより20分。
　　　　　　●月山ビジターセンターへは、JR鶴岡駅よりバスで50分。

日光国立公園

概　要　　　日光国立公園は、日光、鬼怒川、塩原、那須、尾瀬など北関東の主な景勝地を有し、福島、栃木、群馬、新潟の4県にまたがる。那須火山帯に属する山岳地で、シラネアオイの群生地として知られる公園最高峰の白根山をはじめ、古くから信仰の山として名高い男体山、今なお火山活動が活発な那須岳、蛇紋岩地帯特有のオゼソウ、シブツアサツキなどの貴重な高山植物の宝庫として有名な至仏山など2,000m級の山々が連なり、山麓には那須高原や霧降高原などの高原やこれらを覆う原始性の高い亜高山性針葉樹林やミズナラ林などの森林が広がる。また、本州最大の高層湿原である尾瀬ヶ原に代表される湿原や渓谷がそれらの山岳景観に彩りを添えている。中禅寺湖をはじめとした湖沼群や華厳滝などの滝も多い。一方、日光の二社一寺をはじめとする社寺仏閣や温泉地・避暑地として各地の歴史的建造物や街並みが、自然景観と見事に調和している。

分　類	国立公園、自然景観、日本
Udvardyの地域区分	界　旧北界（The Palaearctic Realm）
	地区　夏緑樹林（東アジア）（Oriental Deciduous Forest）
	群系　常緑広葉樹林および低木林、疎林（Evergreen sclerophyllous forests, scrubs or woodlands）
普遍的価値	日光、鬼川、塩原、那須、尾瀬など北関東の主な景勝地
学術的価値	地形学、地理学、歴史学
動　物	ツキノワグマ、ニホンジカ、ニホンカモシカ、ニホンザル
植　物	ブナ、ミズバショウ、ニッコウキスゲ、レンゲツツジ、ワタスゲ、シラネアオイ
所在地	福島県、栃木県、群馬県、新潟県
面　積	140,021ha
所　有	国有地 62.0％、公有地 3.4％、民有地 34.6％
地域地区	特保 7.1％、第1種 6.2％、第2種 31.4％、第3種 8.8％、普通 46.5％
保　護	自然公園法　日光国立公園（1934年12月4日指定）
	自然環境保全法　利根川源流部自然環境保全地域（1977年12月指定）
	国有林野の管理・経営に関する法律　利根川源流部・燧ヶ岳周辺森林生態系保護地域（1990年3月指定）
	文化財保護法　天然保護区域　尾瀬
	特別天然記念物　コウシンソウ自生地
	特別天然記念物　カモシカ
管　理	環境省北関東地区自然保護事務所
	〒321-1434　栃木県日光市本町9-5　　　　　　　℡0288-54-1076
	日光自然保護官事務所
	〒321-1434　栃木県日光市本町9-5 地区事務所内　℡0288-54-1076
	尾瀬自然保護官事務所
	〒967-0531　福島県南会津郡檜枝岐村燧ヶ岳　　　℡0241-75-2247
	（財）尾瀬保護財団
	〒371-8530　群馬県前橋市大手町1-1-1 群馬県庁19F　℡027-220-4431
利活用	観光、登山、ハイキング、釣り、キャンプ、温泉保養

見　所	●男体山（2486m。盟主的山容の成層火山。信仰の山として有名。日本百名山） ●日光二社一寺（東照宮、輪王寺、二荒山神社。ユネスコの世界遺産） ●霧降高原（6～7月には霧に包まれる高原。ニッコウキスゲの群落がある） ●霧降の滝（日本の滝百選。上下二段に分かれ、飛び散った飛沫が霧状になる） ●華厳滝（日本三大名瀑。俗に日光48滝と呼ばれる中でも代表的な滝） ●中禅寺湖（男体山の火山活動による堰止湖） ●いろは坂（日本の道百選にも選ばれた奥日光へのアプローチルート。上下合わせて48のヘアピンカーブがあることから名付けられた。絶景が続く） ●明智平（1373m。展望台からは、男体山、中禅寺湖、華厳滝など一望できる） ●湯ノ湖（日光の一番奥にある静かな湖） ●戦場ヶ原（1400mの標高に広がる湿原。野鳥や高山植物が観察できる） ●小田代ヶ原（戦場ヶ原の西に位置する草原。遊歩道が整備されている） ●龍王峡（火山岩が鬼怒川の流れにより侵食された峡谷。川治温泉から鬼怒川温泉の間約3kmにわたって続く。むささび橋からの眺めは圧巻） ●白根山（2578m。日光国立公園中で、最高峰） ●菅沼、丸沼（白根山の火山活動による堰止湖） ●至仏山（2228m。日本百名山） ●燧ヶ岳（2356m。東北地方最高峰。日本百名山） ●尾瀬沼（燧ヶ岳の火山活動による堰止湖） ●尾瀬ヶ原（燧ヶ岳の火山活動によってできた高層湿原） ●塩原渓谷（塩原温泉郷から塩原ダムへと続く渓谷。もみじ谷大吊橋などあり） ●八方ヶ原（矢板市北西の高原山中腹に広がる台地。整備されたグリーンロードや、ハイキングコースあり。レンゲツツジの群生が見られる） ●茶臼岳（1915m）
年間利用者数	2,006万人（2002年） （福島県43.6万人、栃木県1,858万人、群馬県100.6万人、新潟県3.8万人）
施　設	日光湯元ビジターセンター 　〒321-1662　日光市湯元　　　　　　　　　　　　　　☎0288-62-2321 栃木県立日光自然博物館 　〒321-1661　日光市中宮祠2480-1　　　　　　　　　　☎0288-55-0880 塩原温泉ビジターセンター 　〒329-2921　栃木県那須郡塩原町大字下塩原前山国有林内　☎0287-32-3050 尾瀬沼ビジターセンター 　〒967-0532　福島県桧枝岐村尾瀬沼畔　　　　　　　　☎0241-75-2247 尾瀬山の鼻ビジターセンター 　〒378-0411　群馬県利根郡片品村尾瀬山ノ鼻　　　　　☎0278-24-7592
関係市町村	福島県：南会津郡（下郷町、桧枝岐村）、西白河郡（西郷村）、 栃木県：日光市、今市市、矢板市、黒磯市、上都賀郡（足尾町）、 　　　　塩谷郡（栗山村、藤原町、塩谷町）、那須郡（那須町、塩原町）、 群馬県：利根郡（片品村） 新潟県：魚沼市
備　考	●日光国立公園指定70周年（2004年12月4日） ●環境省と林野庁が2003年3月に設置した世界自然遺産候補地に関する検討会で、奥利根・奥只見・奥日光は、詳細に検討すべき19地域に選定された。

燧ヶ岳

ミズバショウの咲き誇る尾瀬ヶ原

誇れる郷土ガイド―日本の国立公園編― 日光国立公園

日光

明智平から見た中禅寺湖と華厳の滝

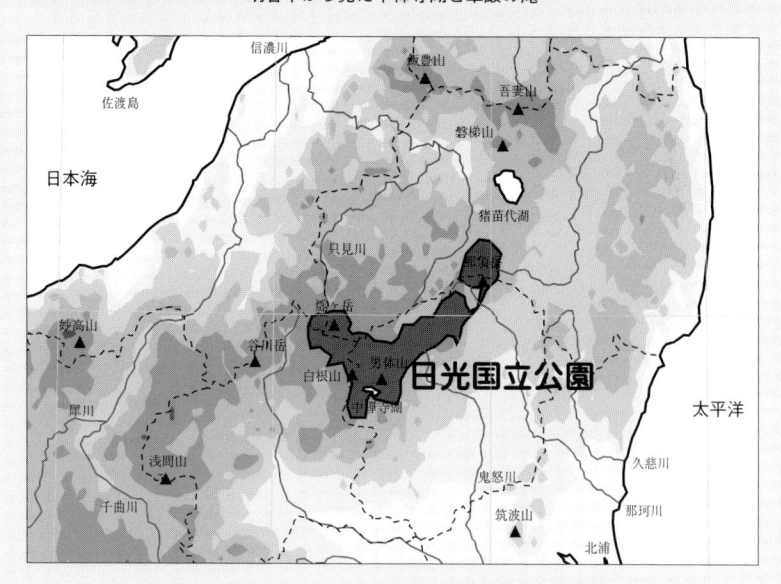

交通アクセス　●中禅寺湖へは、日光宇都宮道路清滝ICより20分。
　　　　　　　●尾瀬沼ビジターセンターへは、磐越自動車道会津若松ICより95km。
　　　　　　　　野岩鉄道会津高原駅からバスで約2時間、徒歩約1時間。

シンクタンクせとうち総合研究機構　発行

上信越高原国立公園

概　要　　上信越高原国立公園は、群馬県（上野）、長野県（信濃）、新潟県（越後）の三県にまたがる山と高原の国立公園で、区域面積では大雪山国立公園に次いでわが国で二番目の大きさである。谷川連峰、清津峡、苗場山、志賀高原、白根山、草津、菅平、軽井沢、浅間山などの地域と、妙高山から戸隠連峰、野尻湖などの地域に大別できる。気候的には、裏日本型気候と表日本型気候にまたがっているが、標高1,000mを越える地域がほとんどを占めるため、降水量はかなり多い。地形、地質では、大岸壁がそびえる谷川岳をはじめとした三国山脈を除いては、火山性の地形が広がっており、浅間山や草津白根山などの活火山をはじめ合計76の火山群が集まっている。湖沼湿原なども数多く見られるほか、温泉が多いこともこの国立公園の大きな特色となっている。

分　類　　　　　国立公園、自然景観、日本
Udvardyの地域区分　界　旧北界（The Palaearctic Realm）

普遍的価値　　　群馬県（上野）、長野県（信濃）、新潟県（越後）の上信越三県にまたがる山と高原の国立公園
学術的価値　　　地形学、動物学、植物学

動　物　　　　　ツキノワグマ、ニホンカモシカ、ベニヒカゲ
植　物　　　　　ブナ、ハイマツ、シャクナゲ、ニッコウキスゲ、コマクサ

所在地　　　　　群馬県、新潟県、長野県
面　積　　　　　189,062ha
所　有　　　　　国有地 74.5％、公有地 17.8％、民有地 7.7％
地域地区　　　　特保 5.3％、第1種 2.5％、第2種 26.8％、第3種 8.7％、普通 56.7％
保　護　　　　　自然公園法　上信越国立公園（1949年9月7日指定）
　　　　　　　　鳥獣保護法　国設鳥獣保護区（大規模生息地）　浅間（1951年5月指定）
　　　　　　　　文化財保護法　特別天然記念物　カモシカ
　　　　　　　　　　　　　　　天然記念物　草津白根シャクナゲ群落
　　　　　　　　ユネスコ・人間と生物圏計画　生物圏保護区　志賀高原（1980年指定）
管　理　　　　　環境省中部地区自然保護事務所
　　　　　　　　　〒390-1501　長野県安曇郡安曇村124-7　　　　℡0263-94-2024
　　　　　　　　志賀高原自然保護官事務所
　　　　　　　　　〒381-0401　長野県下高井郡山ノ内町大字平穏7148　℡0269-34-2104
　　　　　　　　万座自然保護官事務所
　　　　　　　　　〒377-1523　群馬県吾妻郡嬬恋村大字芦生田字川原590　℡0279-97-2083
　　　　　　　　妙高高原自然保護官事務所
　　　　　　　　　〒949-2112　新潟県中頸城郡妙高高原町大字関川2279-2　℡0255-86-2441
利活用　　　　　●登山、ハイキング、キャンプ、自然探勝、林間学校、雪上観察会、スキー、温泉保養、リゾート
見　所　　　　　●谷川岳（1977m。日本屈指の岩場を有する日本を代表する山）
　　　　　　　　●谷川連峰（谷川岳を中心に、清水峠から三国峠までの上越国境の山岳地域。一の倉沢岳、茂倉岳、武能岳、オジカ沢の頭、万太郎山、仙の倉山、平標山）

- 清津峡（柱状節理の岩壁がV字の渓谷を造る。渓谷トンネルの4つの見晴所からは、渓谷美を堪能できる）
- 苗場山（2145m。長野、新潟の県境に位置し、山頂には広大な湿原を有する。日本百名山）
- 志賀高原（長野県北東部にある高原。2000m級の山々に囲まれ、丸池、木戸池などの湖沼群、湿原などが広がる。温泉、スキーのメッカ）
- 菅平（四阿山の麓に位置する高原。スキーなどのリゾート施設が充実）
- 草津白根山（白根山2160m、本白根山2171m、逢の峰2110m一帯の総称）
- 湯釜（白根山の火口湖。エメラルドグリーンの神秘的な色が広がる湖）
- 草津温泉（自然湧出量日本一の天下の名湯）
- 西の河原公園（草津温泉西側にある。鬼の泉水などの奇観が広がる）
- 鹿沢園地（周辺には湯の丸レンゲツツジ群落はじめ、多くの山野草・樹木や動物が見られる。遊歩道も整備されている）
- 浅間山（2568m。長野、群馬両県にまたがる三重式成層活火山）
- 軽井沢（国際的に有名な避暑地）
- 妙高山（2454m。麓には妙高高原が広がる。日本百名山）
- 戸隠山（1904m。全山擬灰質集塊岩からなり、屏風のように岩壁がそそり立つ）
- 野尻湖（周囲17㎞の湖。ナウマンゾウの化石が発掘された）

年間利用者数	3,183.4万人（2002年）（群馬県894万人、新潟県587.4万人、長野県1,702万人）
施　設	草津ビジターセンター 　〒377-1711　群馬県吾妻郡草津町521　　　　☎0279-88-5705 鹿沢インフォメーションセンター 　〒377-1614　群馬県吾妻郡嬬恋村大字田代鹿沢園地　☎0279-80-9119 妙高高原ビジターセンター 　〒949-2112　新潟県中頸城郡妙高高原町池の平　☎0255-86-4599 笹ヶ峰ミニビジターセンター 　〒949-2100　新潟県中頸城郡妙高高原町笹ヶ峰　☎0255-82-3168 志賀高原自然保護センター 　〒381-0401　長野県下高井郡山ノ内町志賀高原蓮池総合会館98内 　　　　　　　　　　　　　　　　　　　　　　　☎0269-34-2133
関係市町村	群馬県：碓氷郡（松井田町）、吾妻郡（中之条町、長野原町、嬬恋村、草津町、六合村）、利根郡（水上町、新治村） 新潟県：糸魚川市、南魚沼郡（湯沢町、塩沢町）、中魚沼郡（津南町、中里村）、中頸城郡（妙高高原町、妙高村）、西頸城郡（能生町） 長野県：長野市、須坂市、小諸市、東御市、北佐久郡（軽井沢町、御代田町）、小県郡（真田町）、北安曇郡（小谷村）、上高井郡（高山村）、下高井郡（山ノ内町、木島平村、野沢温泉村）、上水内郡（信濃町、牟礼村）、下水内郡（栄村）
備　考	●上信越高原国立公園指定60周年（2009年9月7日） ●上信越高原国立公園は、1998年（平成10年）の長野オリンピックの会場にもなった。

谷川岳

浅間山

誇れる郷土ガイド―日本の国立公園編― 上信越高原国立公園

妙高山

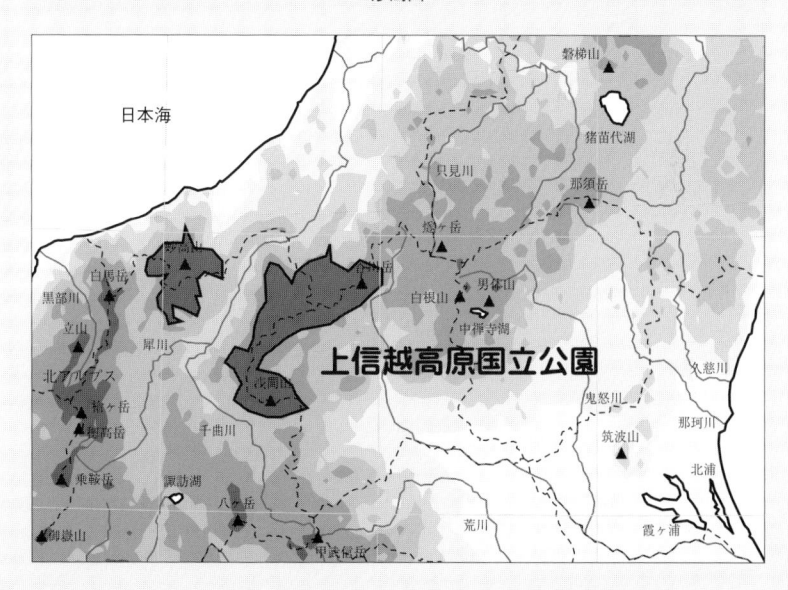

上信越高原

交通アクセス ●鹿沢インフォメーションセンターへは、JR吾妻線万座鹿沢口駅よりバスで約20分。上信越自動車道小諸ICより約30分。

シンクタンクせとうち総合研究機構 発行

秩父多摩甲斐国立公園

概　要	秩父多摩甲斐国立公園は、首都圏の北西部にある。雲取山から甲武信ヶ岳、国師岳、金峰山に続く標高2,000m級の非火山の山脈を中心とした公園。埼玉県、東京都、山梨県、長野県の4都県に接するこれらの山脈は荒川、多摩川、千曲川などの源流域になっており、これらの河川を浸食され至る所に深い渓谷が刻まれている。秩父多摩甲斐国立公園は、2000年（平成12年）の秩父多摩国立公園から秩父多摩甲斐国立公園に名称を変更した。
分　類	国立公園、自然景観、日本
Udvardyの地域区分	界　旧北界（The Palaearctic Realm）
普遍的価値	雲取山、甲武信ヶ岳、国師岳、金峰山と続く標高2,000m級の非火山の山脈を中心とした公園
学術的価値	地形学
動　物	ツキノワグマ、カモシカ、ニホンザル、オオタカ、クマタカ
植　物	ハイマツ、カラマツ、コメツガ、シラビソ
所在地	埼玉県、東京都、山梨県、長野県
面　積	126,259ha
所　有	国有地 16.3％、公有地 40.9％、民有地 42.8％
地域地区	特保 3.0％、第1種 7.2％、第2種 14.2％、第3種 20.3％、普通 55.3％ 〒198-0212　東京都西多摩郡奥多摩町氷川171-1　℡0428-83-2157
保　護	**自然公園法**　秩父多摩甲斐国立公園（1950年7月10日指定） **文化財保護法**　特別天然記念物　カモシカ 　　　　　　　　特別名勝　御岳昇仙峡
管　理	環境省南関東地区自然保護事務所 〒250-0522　神奈川県足柄下郡箱根町元箱根旧札場164　℡0460-4-8727 奥多摩自然保護官事務所
カントリーコード	●ゆっくり静かに自然を楽しむ ●計画や準備は万全にする ●土地所有者や管理者の善意を尊重する ●駐車場でのアイドリングをしない ●ゴミは絶対捨てずに、すべて持ち帰る ●登山道や遊歩道からはずれて歩かない ●動植物はとらない ●山火事をおこさない ●キャンプはキャンプ場でおこなう ●トイレなどの公共施設をきれいに使う （秩父多摩甲斐国立公園協議会・環境省）
ゆかりの人物	中里介山（大菩薩峠）、島崎藤村（千曲川旅情のうた）
利活用	●登山

見　所	●キャンプ ●ハイキング ●自然探勝 ●雲取山（2017m。東京都最高峰。日本百名山） ●奥多摩湖（小河内ダム建設によりできた湖。湖岸を横断するドラム缶橋が名物） ●日原鍾乳洞（日原川支流の小川谷にある関東随一の規模の鍾乳洞） ●鳩ノ巣渓谷（多摩川が秩父古成層を侵食してできた渓谷） ●御岳山（みたけさん）（929m。山頂近くまでケーブルカーでアクセスできる） ●三峰山（1102m。秩父の名山。山頂には三峰神社がある） ●秩父湖（二瀬ダム建設によりできた湖。遊歩道が整備されている） ●両神山（1723m。日本百名山） ●甲武信ヶ岳（こぶしがだけ）（2475m。鋭い円錐形の山容が特徴的。甲斐、武蔵、信濃の三国にまたがることから名付けられた。日本百名山） ●千曲川源流の森（水源の森100選） ●国師岳（2592m。奥秩父山群の中では最大級の山容。日本百名山） ●西沢渓谷（国師岳にその源流がある笛吹川の上流に位置する渓谷） ●七ツ釜五段の滝（日本の滝百選） ●金峰山（2599m。奥秩父にあり山頂にある五丈岩がシンボル。日本百名山） ●瑞牆山（みずがきやま）（2230m。日本百名山） ●廻り目平（長野県川上村にある。キャンプ場などが整備されている） ●御岳昇仙峡（花崗岩の山を渓流が削り取り、無数の奇岩や奇石がある景勝地） ●大菩薩岳（2057m。日本百名山） ●大菩薩峠（1897m。武州多摩川筋から甲州笛吹川筋に抜ける峠路）
年間利用者数	1,589万人（2002年） （埼玉県63.2万人、東京都779.6万人、山梨県723.5万人、長野県22.7万人）
施　設	奥多摩ビジターセンター 　　〒198-0212　東京都西多摩郡奥多摩町氷川71-1　　☎0428-83-2037 山のふるさと村ビジターセンター 　　〒198-0225　東京都西多摩郡奥多摩町川野　　☎0428-86-2551 御岳ビジターセンター 　　〒198-0175　東京都青梅市御岳山38-5　　☎0428-78-9363 奥多摩町森林館 　　〒198-0211　東京都西多摩郡奥多摩町日原819　　☎0428-83-8300 三峰ビジターセンター 　　〒369-1901　埼玉県秩父郡大滝村大字三峰356　　☎0494-55-0175
関係市町村	埼玉県：秩父郡（両神村、大滝村） 東京都：青梅市、あきる野市、西多摩郡（日の出町、檜原村、奥多摩町） 山梨県：甲府市、塩山市、甲斐市、北杜市、東山梨郡（牧丘町、三富村）、 　　　　北都留郡（小菅村、丹波山村） 長野県：南佐久郡（川上村）
備　考	●秩父多摩甲斐国立公園指定60周年（2010年7月10日） ●秩父多摩甲斐国立公園は、2000年（平成12年）の秩父多摩国立公園から秩父多摩甲斐国立公園に名称を変更した。

鷹ノ巣山から見た雲取山

甲武信岳

誇れる郷土ガイド－日本の国立公園編－　秩父多摩甲斐国立公園

御岳昇仙峡

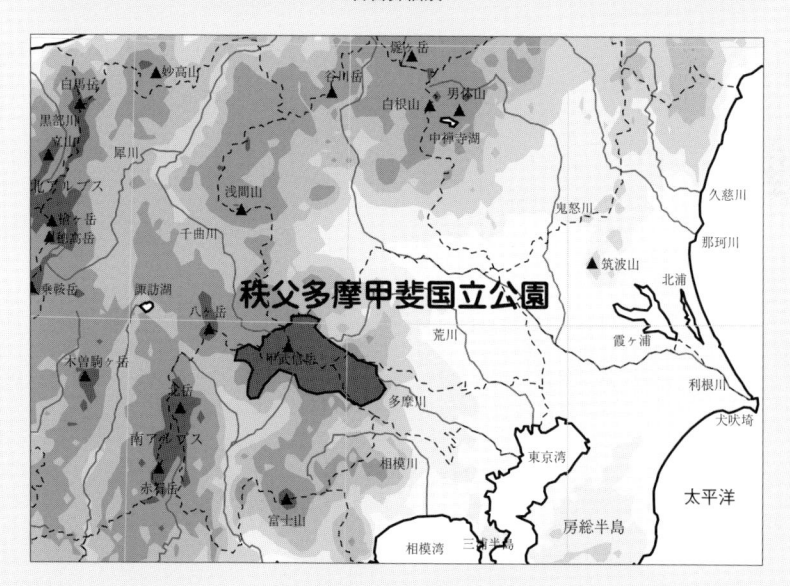

秩父多摩甲斐

秩父多摩甲斐国立公園

交通アクセス	●奥多摩ビジターセンターへは、JR奥多摩駅下車、徒歩2分。
	●昇仙峡へは、中央自動車道甲府昭和ICから約20分。

シンクタンクせとうち総合研究機構　発行

小笠原国立公園

概　要	小笠原国立公園は、東京の南方約1,000～1,250kmの海岸上に散在する東京都小笠原村の聟島列島、父島列島、母島列島、北硫黄島列島の大小30余の島からなる小笠原諸島の大半を含む国立公園。陸域面積は6,099haで、わが国で最小の国立公園。聟島、父島、母島の各列島は、古第三紀の海底火山の陸域堆積層が隆起してできたもので、北硫黄島列島の西ノ島は、第四紀以降の活動による海底火山の頂部が海上にできたもの。父島の千尋岩、母島の大崩湾等の海食崖、岬や小島嶼群の岩塔や岩礁等の海食地形、父島南島の沈水カルストや母島石門の石灰岩地形等特色のあるものが多い。小笠原国立公園は、海洋に隔絶された島嶼であることから、動植物の固有種が多く分布している。ユネスコの世界遺産登録推薦に向けた条件整備が課題である。
分　類	国立公園、自然景観、日本 海岸景観（多島海、海食崖、陸けい砂州、砂喰、砂浜・礫浜）、 石灰岩景観（カルスト地形）、火山景観
Udvardyの地域区分	界　オセアニア界（The Oceanian Realm） 地区　ミクロネシア（Micronesian） 群系　島嶼混合系（Mixed island systems）
普遍的価値	世界有数の透明度を誇る海に囲まれた独自の生態系の動植物を有する自然の宝庫
学術的価値	自然科学、地形学、動物学、植物生態学
動　物	オガサワラコウモリ、オガサワラトカゲ、ハハジマメグロ、アカガシラカラスバト、オガサワラノスリ、クジラ、アオウミガメ
植　物	シマイスノキ、モクタチバナ、ムニンヤツデ、ムニンノボタン、オガサワラグワ
所在地	東京都小笠原村
面　積	6,099ha（陸域面積）
所　有	国有地 83.4％、民有地 16.6％
地域地区	特保 40.6％、第1種 16.8％、第2種 33.5％、第3種 3.9％、普通 5.2％
保　護	**自然公園法**　小笠原国立公園（1972年10月16日指定） 　　　　　　　小笠原海中公園 **自然環境保全法**　原生自然環境保全地域　南硫黄島 **国有林野の管理・経営に関する法律**　小笠原母島東岸森林生態系保護地域 **鳥獣保護法**　国設鳥獣保護区（特定鳥獣生息地）　小笠原諸島（1980年3月指定） **文化財保護法**　特別天然記念物　ハハジマメグロ 　　　　　　　　天然記念物　南硫黄島
管　理	環境省南関東地区自然保護事務所 〒250-0522　神奈川県足柄下郡箱根町元箱根旧札場164　☎0460-4-8727 小笠原自然保護官事務所 　　（連絡先：南関東地区自然保護事務所）　　　　　　　☎0460-4-8727

小笠原カントリーコード
　－自然と共生するための10か条－
❶貴重な小笠原を後世に引き継ぐ
❷ゴミは絶対捨てずに、すべて持ち帰る

❸歩道をはずれて歩かない
❹動植物は採らない、持ち込まない、持ち帰らない
❺動植物に気配りをしながらウォッチングを楽しむ
❻サンゴ礁等の特殊地形を壊さない
❼来島記念などの落書きをしない
❽全島キャンプ禁止となっているので、キャンプはしない
❾移動は、できるだけ自分のエネルギーを使う
❿水を大切にし、トイレなど公共施設をきれいに使う

ゆかりの人物	小笠原貞頼（小笠原諸島の発見者　信州深志（松本）の城主小笠原長時の孫）モットレイ夫妻、ロース（母島の開拓者）
利活用	散策、海水浴、スキューバーダイビング、シュノーケル、ホエールウォッチング、アオウミガメの産卵観察、ドルフィンスイム＆ウォッチング、シーカヤック　ジャングルトレッキング
見所	●小笠原海中公園（安山岩や集塊岩及び凝灰岩などからなる複雑な海底地形を有する瓢箪島、人丸島、兄島瀬戸、母島などの各地区と、石灰岩の沈水カルスト地形を有する南島地区からなる）
父島	●三日月山展望台（夕日見物の名所。ホエールウォッチングもできる） ●旭平（日の出見物の絶好ポイント） ●宮の浜 ●コペペ海岸、小港海岸 ●長崎展望台、枕状熔岩 ●亜熱帯農業センター（亜熱帯の植物や小笠原固有の植物の展示）
母島	●ロース記念館（母島に定住したドイツ人開拓者。ロース石の発見者） ●乳房山（ハイキング、バードウォッチング） ●石門鍾乳洞（立ち入り禁止） ●清見が岡鍾乳洞
南島	新東京百景にも選ばれた石灰岩でできた島。 ●扇池 ●沈水カルスト地形（カルスト地形が地殻変動により沈降・沈水した地形） ●ラピエの奇観（石灰岩が長い年月をかけて風化してできた岩）
年間利用者数	約2万人（2002年）
関係市町村	東京都小笠原村
観光	小笠原村産業観光課　☎04998-2-3114　　小笠原村観光協会　☎04998-2-2587
世界遺産運動	東京都が「小笠原諸島の世界自然遺産登録に関する推進会議」を2003年10月に設置。
備考	●小笠原国立公園指定40周年（2012年10月16日） ●移入動物への対策、移入植物への対応が課題。 ●小笠原諸島については、環境省と林野庁は、関係機関との連携のもとに、学識経験者からなる「世界自然遺産候補地に関する検討会」で指摘された保護担保措置等の課題の検討を進め、条件が整い次第、ユネスコに世界遺産登録推薦書の提出を目指すこととしている。

誇れる郷土ガイド―日本の国立公園編― 小笠原国立公園

父島列島

母島列島

父島の南西にある南島の扇池 トンネル状の水路で海とつながっている

小笠原

シンクタンクせとうち総合研究機構 発行

誇れる郷土ガイド—日本の国立公園編— 小笠原国立公園

母島石門一帯

伊豆諸島＆小笠原位置図

利島 大島
神津島 新島
御蔵島 三宅島
八丈島
青ヶ島

伊豆諸島

鳥島

小笠原諸島

乾崎　　　　　　孫島
母島　乳房山　弟島　兄島
　　　　　西島　　　東島
向島　平島　姫島
姉島　　妹島　　南島　父島
　　　　　　　　　　巽崎
母島列島　　　　　　父島列島
0　　10　　20km

小笠原国立公園

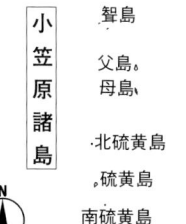

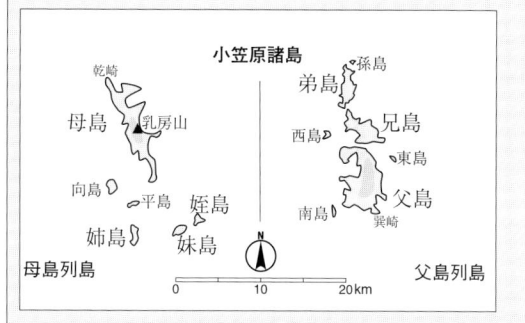

小笠原諸島

聟島
父島
母島
北硫黄島
硫黄島
南硫黄島

0 100 200 300
km

交通アクセス
● 父島（二見港）
東京竹芝客船ターミナルから25時間30分
（小笠原海運　☎03-3451-5171）
● 母島　父島二見港から「ははじま丸」で約2時間。

シンクタンクせとうち総合研究機構　発行

富士箱根伊豆国立公園

概　要　　　　富士箱根伊豆国立公園は、東京都、神奈川県、山梨県、静岡県の1都3県にまたがる。富士箱根伊豆国立公園は、日本一の標高を誇る富士山（3776m）、東海道の関所で有名な箱根、昔からの温泉と変化に富む海岸風景で名高い伊豆半島及び活火山で有名な大島や三宅島などの伊豆七島からなっている。 富士山を世界遺産にしたいという国民的な願望は強いが、世界的な顕著な普遍的価値の証明の要件の整備段階である。

分　類	国立公園、自然景観、日本	
Udvardyの地域区分	界　　旧北界（The Palaearctic Realm）	
	地区　常緑樹林（Japanese Evergreen Forest）	
	群系　亜熱帯および温帯雨林（Subtropical and temperate rain forests or woodlands）	
普遍的価値	富士山、箱根、伊豆半島、伊豆七島からなる国立公園	
学術的価値	地形学、地理学、歴史学	
動　物	アカコッコ、オオミズナギドリ	
植　物	フジアザミ、サンショウバラ、マメザクラ、フジハタザオ、ミクサザサ	
所在地	東京都、神奈川県、山梨県、静岡県	
面　積	121,714ha	
所　有	国有地 18.7%、公有地 33.4%、民有地 47.9%	
地域地区	特保 6.3%、第1種 7.1%、第2種 24.9%、第3種 34.9%、普通 26.8%	
保　護	**自然公園法**　富士箱根伊豆国立公園（1936年2月1日指定）	
	三宅島海中公園	
	文化財保護法　特別天然記念物　鳴沢熔岩樹型	
	天然記念物　大瀬ビャクシン天然林、西湖コウモリ穴及びコウモリ、富岳風穴、鳴沢氷穴など	
	特別名勝　富士山	
管　理	環境省南関東地区自然保護事務所	
	〒250-0522　神奈川県足柄下郡箱根町元箱根旧札場164　℡0460-4-8727	
	富士五湖自然保護官事務所	
	〒403-0005　山梨県富士吉田市上吉田剣丸尾5597-1 生物多様性ｾﾝﾀｰ ℡0555-72-0353	
	箱根自然保護官事務所	
	〒250-0522　神奈川県足柄下郡箱根町元箱根旧札場164　℡0460-4-8727	
	沼津自然保護官事務所	
	〒410-0831　静岡県沼津市市場町9-1 沼津合同庁舎　　　℡0559-31-3261	
	下田自然保護官事務所	
	〒415-0036　静岡県下田市西本郷2-5-33 下田地方合同庁舎 ℡0558-22-9533

富士山カントリー・コード
1. 美しい富士山を後世に引き継ぐ
2. ゴミは絶対に捨てずに、すべて持ち帰る
3. ゴミになるようなものを最初から持っていかない
4. 登山道をはずれて歩かない

	5. 登頂記念の落書きをしない
	6. 車道外へ車両等を乗り入れない
	7. 溶岩樹型等の特殊地形を壊さない
	8. 駐車場ではアイドリングをしない
	9. 動植物を採らない
	10. トイレなど公共施設をきれいに扱う
ゆかりの人物	富嶽三十六景（葛飾北斎）、富嶽百景（太宰治）、川端康成（伊豆の踊子）
利活用	観光、登山
見　所　富士山地域	●富士山（3776m。日本最高峰、日本を代表する景観を有する）
	●富士五湖（河口湖、山中湖、西湖、精進湖、本栖湖）
	●青木ヶ原樹海（富士山の北側に広がる熔岩によってできた原生林）
	●富岳風穴、鳴沢氷穴（熔岩洞窟。氷穴は一年中氷に覆われている）
箱根地域	●箱根（東西交通の要塞として多くの旅人が往来した。史跡、温泉など）
	●芦ノ湖（4千年前の爆発でせき止められた湖）
	●仙石原湿原（カルデラ火口原）
	●大涌谷（現在も噴気が見られる）
伊豆半島	●伊豆半島（隆起・沈降・海蝕による複雑な海岸線をもつ）
	●城ヶ崎（リアス式海岸の変化に富んだ風景。ハイキングコースも整備）
伊豆諸島	●伊豆諸島（海底火山から生じた火山列島。三宅島、大島、新島、式根島、神津島、御蔵島、利島、八丈島）
	●三宅島海中公園（黒潮の流路にあたり、暖海域と温海域の境界に位置する）
年間利用者数	10,300.9万人（2002年）
	（東京都47.5万人、神奈川県1,927.1万人、山梨県1,950.7万人、静岡県6,375.6万人）
施　設	箱根ビジターセンター
	〒250-0522　神奈川県足柄下郡箱根町元箱根字旧札場164　　℡0460-4-9981
	森のふれあい館　〒250-0521　神奈川県足柄下郡箱根町381-4　℡0460-3-6006
	山梨県立富士ビジターセンター
	〒401-0301　山梨県南都留郡富士河口湖町船津剣丸尾6663-1　℡0555-72-0259
	八丈ビジターセンター
	〒401-0301　東京都八丈島八丈町大賀郷2843　　　　　　　　℡04996-2-4811
	田貫湖ふれあい自然塾　〒418-0107　静岡県富士宮市佐折633-14　℡0544-54-5410
イベント	富士山の日（毎年2月23日）
関係市町村	東京都：大島町、利島村、新島本村、神津島村、三宅村、御蔵島村、八丈島
	神奈川県：小田原市、南足柄市、足柄下郡（箱根町、湯河原町）
	山梨県：富士吉田市、西八代郡（上九一色村、下部村）、南都留郡（西桂町、富士河口湖町、忍野村、山中湖村、鳴沢村）
	静岡県：沼津市、熱海市、三島市、富士宮市、伊東市、富士市、御殿場市、下田市、裾野市、伊豆市、賀茂郡（東伊豆町、河津町、南伊豆町、松崎町、西伊豆町、賀茂村）、田方郡（伊豆長岡町、戸田村、函南町、韮山町、大仁町）、駿東郡（小山町）
世界遺産運動	特定非営利活動法人富士山クラブなど
活　動	勉強会、研究会、シンポジウムなどは活発。
備　考	●富士箱根伊豆国立公園指定70周年（2006年2月1日）
	●環境省と林野庁が2003年3月に設置した世界自然遺産候補地に関する検討会で、富士山、それに、伊豆七島は、詳細に検討すべき19地域に選定された。

シンクタンクせとうち総合研究機構　発行

山中湖から見た富士山

三保海岸から見た富士山

誇れる郷土ガイド―日本の国立公園編― 富士箱根伊豆国立公園

日本平から見た富士山

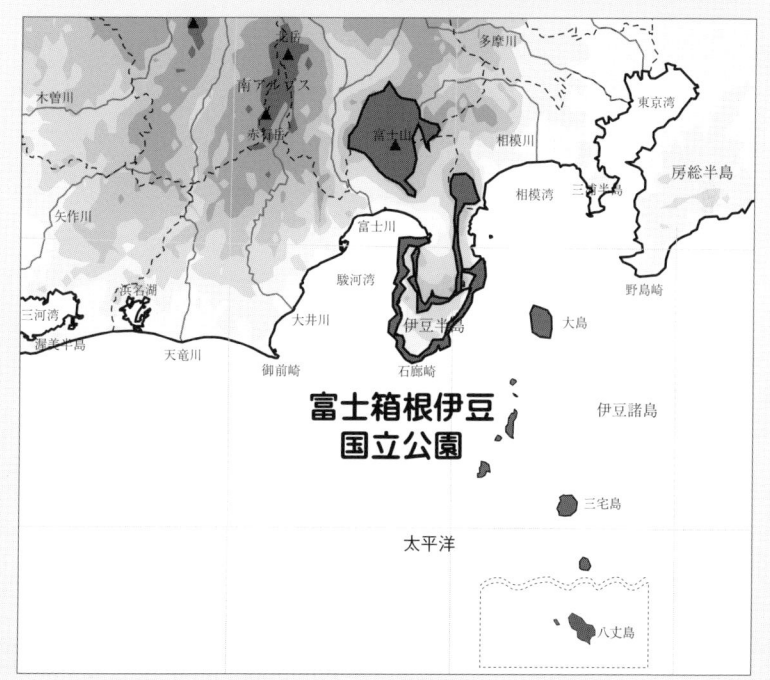

富士箱根伊豆国立公園

富士箱根伊豆

交通アクセス　●箱根ビジターセンターへは、JR小田原駅からバスで約50分。

シンクタンクせとうち総合研究機構　発行

中部山岳国立公園

概　要　　　中部山岳国立公園は、新潟県、富山県、長野県、岐阜県の4県にまたがる。北アルプスの立山・黒部両地域で、黒部峡谷の下の廊下（富山県宇奈月町欅平～黒部第4ダム～長野県大町市）や黒部川源流域、剱岳（2998m）の八ツ峰周辺など、国内では比類のない雄大な山岳景観と手つかずの自然環境を誇る。この周辺には、立山・黒部アルペンルート（北アルプス立山連峰を貫く北陸富山と信濃大町を結ぶ国際的山岳観光ルート）や黒部峡谷鉄道（通称トロッコ電車　宇奈月⇔欅平）、立山の室堂や宇奈月町の欅平には、ビジターセンターなどが整備され、自然環境の保全と利活用の両立が図られている。

分　類	国立公園、自然景観、日本 峡谷、山岳景観、土木遺産、山岳鉄道
Udvardyの地域区分	界　旧北界（The Palaearctic Realm） 地区　夏緑樹林（東アジア）（Oriental Deciduous Forest） 群系　常緑広葉樹林および低木林、疎林（Evergreen sclerophyllous forests, scrubs or woodlands）
普遍的価値	北アルプスと呼ばれる地域で、日本を代表する山岳公園
学術的価値	自然科学、歴史学、土木工学
動　物	雷鳥、オコジョ、ニホンカモシカ、ヤマネ、トンボ、高山蝶
植　物	ブナ、ナナカマド、ケショウヤナギ
所在地	富山県、長野県、新潟県、岐阜県
面　積	174,323ha
所　有	国有地　89.0%、公有地　3.0%、民有地　8.0%
地域地区	特保 36.8%、第1種 19.5%、第2種 22.8%、第3種 7.8%、普通 13.1%
保　護	**自然公園法**　中部山岳国立公園（1934年12月4日指定） **国有林野の管理・経営に関する法律**　北アルプス金木戸川・高瀬川源流部森林生態系保護地域（1994年3月指定） **鳥獣保護法**　国設鳥獣保護区（特定鳥獣生息地）　北アルプス（1984年11月指定） **文化財保護法**　天然保護区域　上高地 　　　　　　　　　特別天然記念物　ライチョウ、カモシカ、白馬連峰高山植物帯 　　　　　　　　　特別名勝　上高地、黒部峡谷
管　理	環境省中部地区自然保護事務所 　〒390-1501　長野県安曇郡安曇村124-7　　℡0263-94-2024 立山自然保護官事務所 　〒930-0229　富山県中新川郡立山町前沢新町282　　℡076-462-2301 戸隠自然保護官事務所 　〒381-4102　長野県上水内郡戸隠村大字豊岡9794-128　　℡026-254-3060 平湯自然保護官事務所 　〒506-1433　岐阜県吉城郡上宝村平湯763-16　　℡0578-9-2353

ゆかりの人物	ウォルター・ウェストン（英国人宣教師）、芥川龍之介（河童）、井上靖（氷壁）、新田次郎（孤高の人）、石原裕次郎（黒部の太陽）
利 活 用	登山、キャンプ、観光
見 所	

<立山・黒部アルペンルート>
- 美女平、材木坂周辺（美女平屋上展望台、美女杉、立山杉、ブナ坂）
- 称名滝、八郎坂周辺（飛龍橋、称名橋、大観台、弘法）
- 弥陀ヶ原周辺（立山カルデラ展望台、松尾峠展望台、追分、獅子ヶ鼻岩）
- 室堂周辺（みくりが池、水平道、室堂山展望台、立山玉殿の湧き水）
- 黒部ダム周辺（ダム展望台、殉職者慰霊碑、黒部湖遊覧船）
- 日本百名山の山々（白馬岳2933m、五龍岳2814m、鹿島槍ヶ岳2890m、剣山2998m、立山3015m、薬師岳2926m、野口五郎岳2924m、黒岳2976m、鷲羽岳2924m、槍ヶ岳3180m、穂高岳3190m、常念岳2857m、笠ヶ岳2898m、焼岳2458m、乗鞍岳3026m）
- 黒部峡谷・トロッコ電車（宇奈月〜欅平まで20.1km）
- 上高地（日本有数の高原散策コースで知られる。様々な高山植物や蝶などが見られる。自然研究路が整備されている）
- 大正池（1915年焼岳の爆発によりできた湖。水没した木が枯れ、水面に枯れ木が林立する風景は上高地の代表的な景観として知られている）
- 河童橋（梓川にかかる木製の橋。橋から上流を望めば穂高連峰が眼前に迫る）

年間利用者数	1,187.2万人（2002年） （新潟県5.9万人、富山県194.9万人、長野県823.8万人、岐阜県162.6万人）
施　設	上高地ビジターセンター 　〒390-1516　長野県南安曇郡安曇村上高地　　☎0263-95-2606 富山県立山センター 　〒930-1414　富山県中新川郡立山町芦峅寺（室堂平）　☎076-465-5765 立山カルデラ砂防博物館 　〒930-1406　富山県中新川郡立山町芦峅寺ブナ坂68（千寿が原）　☎076-481-1160 欅平ビジターセンター 　〒938-0200　富山県下新川郡宇奈月町黒部奥山国有林地内　☎0765-62-1155 有峰ビジターセンター　〒930-1458　富山県上新川郡大山町有峰　☎076-481-1758
イベント	● 立山黒部アルペンルート開通（大町市　4月下旬）
関係市町村	富山県：黒部市、下新川郡（宇奈月町）、中新川郡（立山町）、上新川郡（大山町） 長野県：大町市
世界遺産運動	立山黒部自然環境保全・国際観光促進協議会（立山黒部を愛する会） （国会議員、富山県議、富山県東部の市町村長らが中心）
目　的	自然環境の保全と国際観光の促進
活　動	関西電力・黒部ルートに関する研究会に続いて、立山・黒部両地域の世界遺産登録推進に取り組む専門研究会を設立。
備　考	● 北日本新聞　連載「21世紀の贈り物」 ● 中部山岳国立公園指定70周年（2004年12月4日） ● 環境省と林野庁が2003年3月に設置した世界自然遺産候補地に関する検討会で、北アルプスは、詳細に検討すべき19地域に選定された。

上高地

黒部峡谷を走るトロッコ列車

誇れる郷土ガイドー日本の国立公園編ー　中部山岳国立公園

槍穂高連峰

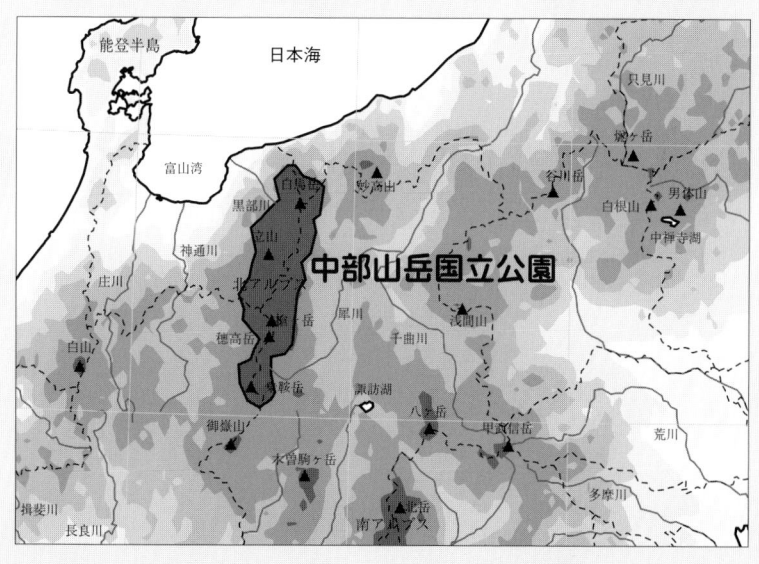

交通アクセス　●欅平ビジターセンターへは、黒部峡谷鉄道欅平駅下車すぐ。
　　　　　　　●上高地ビジターセンターへは、松本電鉄上高地線新島々駅から上高地行き
　　　　　　　　のバスで1時間45分。（マイカーは上高地へは乗入禁止）

中部山岳

シンクタンクせとうち総合研究機構　発行

白山国立公園

概　要	白山国立公園は、本州中部地方の山地帯の西端にある。白山連峰を中心とする南北約50kmに延びる山岳国立公園で、石川県、富山県、福井県、岐阜県の4県にまたがる。白山は、富士山、立山と並んで信仰の山として古くから日本3名山に数えられ、信仰のシンボルとして親しまれてきた。深田久弥の日本百名山の一つでもあり、主峰の御前峰（2,702m）をはじめとする高標高地は日本の高山帯の西南限にあたり、「花の白山」と呼ばれるように、高山植物の宝庫として有名である。また、山腹一帯には、ブナ林が広がり、特別天然記念物のニホンカモシカや、ニホンザル、クマタカ、イヌワシなど貴重な動物が数多く生息している。
分　類	国立公園、自然景観、日本 動物学、植物学、山岳信仰、文化的景観
Udvardyの地域区分	界　旧北界（The Palaearctic Realm）
普遍的価値	生態系豊かで信仰の山としても崇められる白山を中心とする山岳国立公園
学術的価値	地形学、地理学、動物学、植物学、歴史学、宗教学
動　物	ツキノワグマ、ニホンカモシカ、ニホンザル、ライチョウ、イヌワシ、クマタカ
植　物	ハイマツ、アオモリトドマツ、ブナ、クロユリ、コバイケイソウ、ハクサンシャクナゲ、ハクサンフウロ、ハクサンイチゲ、ハクサンコザクラ、ハクサンチドリ、ハクサンシャクナゲ
所在地	石川県、富山県、福井県、岐阜県
面　積	47,700ha
所　有	国有地 66.8％、公有地 10.6％、民有地 22.5％
地域地区	特保 37.4％、第1種 5.4％、第2種 15.7％、第3種 41.5％
保　護	自然公園法　白山国立公園（1962年11月12日指定） 国有林野の管理・経営に関する法律　白山森林生態系保護地域（1990年3月指定） 鳥獣保護法　国設鳥獣保護区（大規模生息地）　白山（1969年3月指定） 文化財保護法　特別天然記念物　カモシカ 　　　　　　　　特別天然記念物　ライチョウ 　　　　　　　　特別天然記念物　岩間噴泉塔群 ユネスコ・人間と生物圏計画　生物圏保護区　白山（1980年指定）
管　理	環境省中部地区自然保護事務所 　〒390-1501　長野県安曇郡安曇村124-7　　℡0263-94-2024 白峰自然保護官事務所 　〒920-2501　石川県石川郡白峰村字白峰ハ69-1　℡07619-8-2902
利活用	●自然観察 ●登山 ●ドライブ（白山スーパー林道） ●温泉保養（山麓部） ●スキー

見　所	●白山連峰（御前峰2702m、大汝峰2684m、剣ヶ峰2677m）
	●翠ヶ池（白山最大の火口湖。頂上部には、他に紺屋ヶ池、千蛇ヶ池、油ヶ池、血の池、五色ヶ池、百姓池がある）
	●千蛇ヶ池（万年雪となって、夏でも氷が解けない珍しい湖）
	●岩間噴泉塔群（温泉水に溶け込んでいた石灰質分が地表に出て固まったもの）
	●白山奥宮（御前峰頂上に位置する全国各地に分布する白山神社の総根元社）
	●白山スーパー林道（北部白山を横断し、白山の遠望や渓谷美を楽しめる）
	●中宮温泉集団施設地区（温泉を利用した宿泊施設などが充実した地区）
	●白山室堂（白山登山者の為の宿舎が整備されている）
	●大白川園地（白山登山の岐阜県側の拠点。ダム湖、野営場、露天風呂など）
	●白水の滝（大白川園地内にある落差72mの滝）
	●蛇谷（河川の流水や雪崩などの浸食によりできたV字型の険しい谷）
	●姥ヶ滝（日本の滝百選）
年間利用者数	144.7万人（2002年）
	（富山県0.8万人、石川県66.4万人、福井県21.7万人、岐阜県55.8万人）
施　設	白山国立公園センター
	〒920-2501　石川県白山市白峰ツ57乙　　　　☎07619-8-2320
	白山自然保護センター
	〒920-2326　石川県白山市木滑ヌ4　　　　　　☎07619-5-5321
	中宮温泉ビジターセンター
	〒920-2324　石川県白山市中宮　　　　　　　　☎07619-6-7111
	ブナオ山観察舎
	〒920-2333　石川県白山市尾添　　　　　　　　☎07619-6-7250
	市ノ瀬ビジターセンター
	〒920-2501　石川県白山市白峰（市ノ瀬）　　　☎07619-8-2504
	白山室堂センター
	〒920-2501　石川県白山市白峰　　　　　　　　☎0761-21-9933
イベント	●白山自然観察会（4月　白峰村）
	●白山まつり（7月　白峰村）
関係市町村	石川県：白山市
	富山県：南砺市
	福井県：大野市、勝山市
	岐阜県：郡上郡白鳥町、高鷲村　大野郡荘川村、白川村
世界遺産運動	石川県、金沢経済同友会など
備　考	●白山国立公園指定50周年（2012年11月12日）
	●最近の白山は、ゴミの少ない山として評価が高まっており、今後も一層のゴミ持ち帰りを徹底することとしている。

誇れる郷土ガイド―日本の国立公園編―　白山国立公園

白山連峰

白山スーパー林道からの眺望

誇れる郷土ガイド－日本の国立公園編－　白山国立公園

手取川河口付近からの白山

交通アクセス	●白山国立公園センターへは、金沢から白峰行バスで白峰車庫下車、徒歩10分。金沢、福井から車で約1時間10分。
	●ブナオ山観察舎へは、金沢から車で約1時間20分。

シンクタンクせとうち総合研究機構　発行

南アルプス国立公園

概　要	南アルプス国立公園は、山梨県、長野県、静岡県の3県にまたがる。南アルプス国立公園は、甲斐駒・鳳凰山系、白峰山系、赤石山系の三つの山系から成り、南北約50kmにも及ぶわが国を代表する山岳公園。この一大山脈は、海底からの隆起により形成されたもので、わが国2番目の高峰北岳（3,192m）を始め、北は鋸岳（2,606m）、南は光岳（2,591m）まで雄大で重量感のある山岳景観を有している。これらの山脈は、大井川、天竜川（三峰川）、富士川（釜無山、野呂川）の源流部となり、V字の深い谷を刻んでいる。また、仙丈ヶ岳や荒川岳の稜線には、氷河地形が見られる。

分　類	国立公園、自然景観、日本
Udvardyの地域区分	界　旧北界（The Palaearctic Realm）
	地区　常緑樹林（Japanese Evergreen Forest）
	群系　亜熱帯および温帯雨林（Subtropical and temperate rain forests or woodlands）

普遍的価値	甲斐駒・鳳凰山系、白峰山系、赤石山系など3,000m級の山々が連なる山岳公園
学術的価値	地形学、地理学
	地質学　古生層、中世層
動　物	ニホンカモシカ、ライチョウ、ツキノワグマ、高山蝶、ウサギ、キツネ、タヌキ
植　物	キタダケソウ、キタダケヨモギ、キタダケキンポウゲ、サンプクリンドウ

所在地	山梨県、長野県、静岡県
面　積	35,752ha
所　有	国有地 39.3％、公有地 50.0％、民有地 10.7％
地域地区	特保 25.7％、第1種 15.4％、第2種 11.2％、第3種 47.7％、普通 －

保　護	自然公園法　南アルプス国立公園（1964年6月1日指定）
	国有林野の管理・経営に関する法律　南アルプス南部光岳森林生態系保護地域
	（1990年3月指定）
	文化財保護法　特別天然記念物　ライチョウ
	特別天然記念物　カモシカ

管　理	環境省南関東地区自然保護事務所
	〒250-0522　神奈川県足柄下郡箱根町元箱根旧札場164　℡0460-4-8727

南アルプス・カントリーコード
　　―登山者の皆様へ7つのお願い―
　　常に快適で安全な登山を心がけていただくとともに、わが国屈指の山岳国立公園である南アルプスの大自然を大切に守り、後世に引き継ぐために、次のことについて御協力をお願いします。
　1. この地域の高山植物や動物は、数回の氷河期を経て、今もなお山岳の厳しい環境に耐えています。これらの動植物が、いつまでも見られるよう、一人一人がやさしい気持ちで自然に接し、採ったり、傷つけたりしないようにしましょう。
　2. 登山道以外の場所には貴重な高山植物や多くの野生動物たちが生息しています。登山道を外れての歩行や写真撮影は、行わないようにしましょう。

3. 犬などのペットを持ち込むことは、ライチョウやオコジョなどの小動物に脅威を与えたり、野生動物の間に伝染病を持ち込む恐れもあります。ペットは持ち込まないようにしましょう。
4. 先の尖ったストックは危険であるばかりか、他の利用者に迷惑を及ぼしたり、植物や歩道を傷める場合があります。使う場所を考える、ゴムキャップの使用など、心がけましょう。
5. 自分で持ち込んだゴミはすべて持ち帰りましょう。
6. 登頂記念は写真におさめ、記念看板の設置や岩などへの落書きはしないようにしましょう。
7. 山小屋、避難小屋などの施設は遭難救助の基地ともなる大切なところです。みんなできれいに大切に使いましょう。
（平成12年4月1日環境庁南関東地区自然保護事務所）

利活用	●観光 ●登山
見所	●甲斐駒ヶ岳（2967m。日本百名山） ●鳳凰三山〈地蔵ヶ岳（2764m）、観音岳（2840m）、薬師岳（2780m）〉日本百名山 ●白峰三山〈北岳（3192m。日本百名山）、間ノ岳（3189m。日本百名山）、農鳥岳（3025m）〉 ●夜叉神峠（南アルプスの主峰白峰三山が一望できる） ●仙丈ヶ岳（3033m。日本百名山） ●塩見岳（3047m。日本百名山） ●悪沢岳（東岳）（3141m。日本百名山） ●赤石岳（3120m。日本百名山） ●聖岳（3013m。日本百名山） ●光岳（てかりだけ）（2591m。日本百名山）
年間利用者数	61.8万人（2002年）（山梨県52.5万人、長野県8.1万人、静岡県1.2万人）
施設	広河原アルペンプラザ（案内所） 〒400-0241　山梨県南アルプス市芦倉野呂川入　℡090-2673-2406
関係市町村	山梨県：韮崎市、北杜市、南アルプス市、南巨摩郡（早川町） 長野県：諏訪郡（富士見町）、上伊那郡（長谷村）、下伊那郡（大鹿村、上村、南信濃村） 静岡県：静岡市、榛原郡（本川根町）
備考	●南アルプス国立公園指定40周年（2004年6月1日） ●環境省と林野庁が2003年3月に設置した世界自然遺産候補地に関する検討会で、南アルプスは、詳細に検討すべき19地域に選定された。 ●大井川源流部は、原生自然環境保全地域に編入の為、1976年3月22日に南アルプス国立公園の指定地域から削除された。 ●南アルプス市では、登山の拠点である広河原を、環境省や県と協議しながら、ビジターセンターや宿泊施設を整備する計画がある。

北岳

甲斐駒ヶ岳

誇れる郷土ガイド―日本の国立公園編― 南アルプス国立公園

仙丈ヶ岳

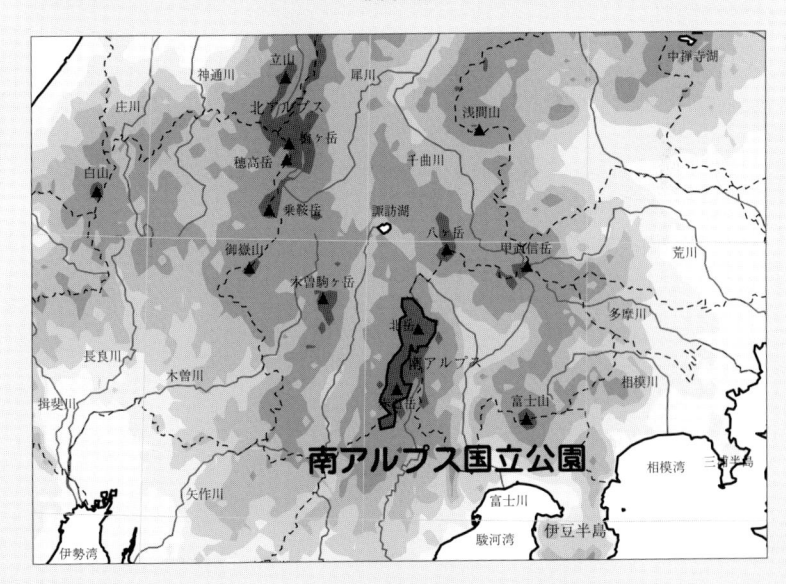

| 交通アクセス | ●広河原へは、甲府から車で約1時間30分。
JR甲府駅からバスで約2時間、大樺沢出合下車。 |

伊勢志摩国立公園

概　要　　伊勢志摩国立公園は，三重県の中央部東側にある。伊勢神宮を中心とした内陸部と二見海岸から南へ続く鳥羽湾、的矢湾、英虞湾、五ヶ所湾などの海岸部、その背後に広がるなだらかな丘陵地からなる。古くから参拝に多くの人が訪れる伊勢神宮には、歴史的価値の高い建築物や史跡、神宮杉などが見られるほか、背後に広がる広大な神宮林には、学術的にも貴重なイチイガシ、スダジイなどの常緑広葉樹とスギ、アカマツ等の針葉樹が混交する自然林が残されている。この公園を最も特徴づける沿岸部は、典型的なリアス式海岸をなし、鳥羽湾、英虞湾等の深い入り江と散在する島々は優美な景観を見せています。また、内海の穏やかな環境を利用した真珠養殖の筏や海で働く海女の姿は、これらの自然景観に彩りを添えて、この公園を代表する風景の一つとなっている。伊勢志摩国立公園は、住民の生活圏と重なるため、日本の国立公園の中で最も定住人口の多い公園となっている。

分　類	国立公園、自然景観、日本
Udvardyの地域区分	界　旧北界（The Palaearctic Realm）
普遍的価値	伊勢神宮を中心とする内陸部、二見海岸などの海岸部、背後の丘陵地からなる国立公園。
学術的価値	地形学（リアス式海岸、海食崖、海食洞、隆起海蝕台地）、地理学、歴史学 地質学（古生層、中世層、新生代第四期層、洪積層）
動　物	ウミネコ、セグロカモメ、シカ、イノシシ、ニホンザル
植　物	ハマユウ、ハマナデシコ、イチイガシ、スダジイ、スギ、アカマツ
所在地	三重県
面　積	55,544ha（陸域）、19,100ha（海域）
所　有	国有地 0.3％、公有地 3.6％、民有地 96.1％
地域地区	特保 1.7％、第1種 2.0％、第2種 12.0％、第3種 15.8％、普通 68.5％
保　護	**自然公園法**　伊勢志摩国立公園（1946年11月20日指定） **文化財保護法**　天然記念物　鬼が城暖地性シダ群落 　　　　　　　　　天然記念物　細谷暖地性シダ群落
管　理	環境省近畿地区自然保護事務所 　〒540-0008　大阪市中央区大手町2-1-2　　☎06-6966-0258 志摩自然保護官事務所 　〒517-0501　三重県志摩郡阿児町鵜方308-26　　☎0599-43-2210
ゆかりの人物	御木本幸吉「真珠養殖」、三島由紀夫「潮騒」
利活用	●伊勢神宮の参拝 ●観光 ●自然観察会 ●海浜レジャー ●魚介類の味覚探訪

見 所	●伊勢神宮（内宮・外宮） ●二見海岸（夫婦岩） ●鳥羽湾（複雑な海岸線で風光明媚。湾内を巡る遊覧船あり） ●鳥羽水族館（魚類・海獣類約850種、20000匹を飼育する世界最大級の水族館） ●ミキモト真珠島（真珠養殖に初めて成功した島。御木本幸吉記念館などあり） ●英虞湾（真珠養殖場にも寄港する英虞湾めぐり遊覧船あり） ●横山展望台（英虞湾を一望できる。第1～3までの展望スポットが散策道で結ばれている） ●志摩マリンランド（マンボウはじめ8000尾余の魚類を集めた水族館） ●的矢湾（静かな入り江を利用し、真珠やカキの養殖が盛ん。鳥羽と奥志摩を結ぶパールロードが通り、湾に架かる赤い的矢湾大橋が印象的） ●渡鹿野園地（渡鹿野島にあり、的矢湾を眺望できる） ●五ヶ所湾（複雑なリアス式海岸が続く湾。真珠筏が浮かぶ湾内は波穏やか） ●南海展望公園（五ヶ所湾が一望できる） ●愛洲の里（五ヶ所城址一帯の歴史公園） ●天の岩戸（神路ダム上流の山中にあり、清水は日本名水百選にも選ばれた） ●志摩スペイン村（スペインをモチーフにした大型テーマパーク） ●大王埼灯台（高さ20m。伊勢志摩で最も高く、唯一見学可能） ●埼山公園（大王埼灯台の北にある眺望のよい公園） ●登茂山園地（英虞湾に突き出した台地。桐垣展望台、登茂山展望台など） ●合歓の郷（英虞湾に望む3,000,000㎡の敷地にある総合リゾート施設） ●磯笛岬展望台（浜島と南張の間にある旧国道の海崖） ●麦埼灯台（眼下の磯は海女の漁場で、日本の残したい音風景100選に選定された海女の磯笛が聞こえてくる） ●浮島パークなんとう（キャンピング施設） ●鵜倉園地（熊野灘に突き出した鵜倉半島を巡る4つの展望台からの眺望） ●海水浴場 　御座白浜海水浴場 　大矢浜海岸 　次郎六郎海水浴場　など
年間利用者数	1,017.6万人（2002年）
施 設	横山ビジターセンター 　〒517-0501 三重県志摩市阿児町鵜方875-24　　℡0599-44-0567 鳥羽ビジターセンター 　〒517-0011 三重県鳥羽市鳥羽1丁目2383-22　　℡0599-25-2358 ともやまビジターセンター 　〒517-0603 三重県志摩市大王町波切2199　　℡0599-72-4636
イベント	●伊勢志摩フリーウォーキング10 ●自然観察会
関係市町村	三重県：伊勢市、鳥羽市、志摩市、度会郡（二見町、南勢町、南島町）
備 考	●伊勢志摩国立公園指定60周年（2006年11月20日）

誇れる郷土ガイドー日本の国立公園編ー　伊勢志摩国立公園

伊勢志摩

伊勢神宮内宮

英虞湾

76　　　　　　　　　　　　　　　シンクタンクせとうち総合研究機構　発行

伊勢志摩

五ヶ所湾

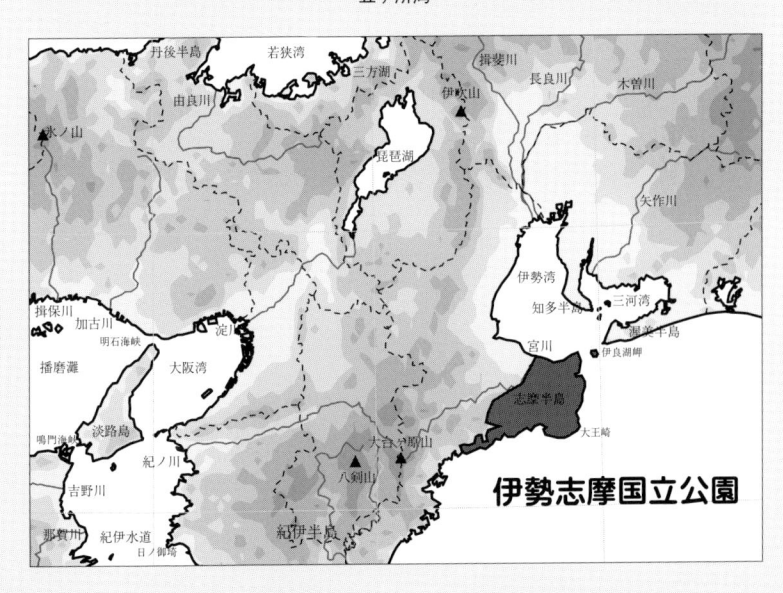

交通アクセス	●横山ビジターセンターへは、近鉄横山駅から徒歩30分、或は車で5分。近鉄鵜方駅から車で10分。
	●鳥羽ビジターセンターは、JR、近鉄鳥羽駅すぐ。

吉野熊野国立公園

| 概　要 | 吉野熊野国立公園は、三重、奈良、和歌山の三県にまたがり、紀伊半島の中央から南端にかけて延々百数十kmにわたって細長い形で指定されている。この地域の自然は、山岳部、河川部、海岸部の三つに大別でき、黒潮の影響を受けて温暖で、スダジイ、タブノキ、ヤブツバキ、ヤマモモなどからなる暖帯常緑広葉樹林の林床にはリュウビンタイやユノミネシダなどの亜熱帯を本拠とする植物も生育している。また、海域ではイシサンゴ類や熱帯魚類が見られ、とくに潮岬周辺や二木島付近では造礁サンゴが広範に生息し、特異な海中景観をつくっている。海岸部から少し離れた那智山には、高さ133mの名瀑那智の滝があり、周辺の森林は那智原始林として天然記念物にも指定されている。この地域は、熊野三山の一つ、那智大社や西国三十三ヶ所巡り第一番札所の青岸渡寺などがあり、古くから信仰の対象ともなってきた。 |

| 分　類 | 国立公園、自然景観、日本 |
| Udvardyの地域区分 | 界　旧北界（The Palaearctic Realm） |

| 普遍的価値 | 紀伊半島の中央から南端の山岳部、河川部、海岸部に展開する国立公園。 |
| 学術的価値 | 地形学、植物学、動物学、地質学 |

| 動　物 | カモシカ、ツキノワグマ |
| 植　物 | スダジイ、タブノキ、ヤブツバキ、ヤマモモ、リュウビンタイ、ユノミネシダ |

所在地	三重県、奈良県、和歌山県
面　積	59,798ha
所　有	国有地 20.3％、公有地 13.5％、民有地 66.2％
地域地区	特保 7.2％、第1種 6.3％、第2種 8.8％、第3種 11.3％、普通 66.4％
保　護	自然公園法　吉野熊野国立公園（1936年2月1日指定） 　　　　　　熊野灘二木島海中公園 　　　　　　串本海中公園 鳥獣保護法　国設鳥獣保護区（大規模生息地）　大台山系（1972年11月指定） 文化財保護法　特別天然記念物　カモシカ 　　　　　　天然記念物　オオヤマレンゲ自生地、ユノミネシダ自生地、 　　　　　　天然記念物　瀞八丁 　　　　　　特別名勝　瀞八丁 ユネスコ・人間と生物圏計画　生物圏保護区　大台ヶ原山、大峯山（1980年指定）
管　理	環境省近畿地区自然保護事務所 　〒540-0367　大阪市中央区大手町2-1-2　　℡06-6966-0258 近畿地区自然保護事務所奈良支所 　〒630-8113　奈良市法蓮町757　　　　　　℡0742-27-5329 新宮自然保護官事務所 　〒647-0043　和歌山県新宮市緑が丘2-4-20　℡0735-22-0342
利活用	観光、自然探勝、参拝、温泉保養、海水浴、ダイビング

見　所	山岳部	●大峰山（紀伊山地の中央を南北に伸びる約50km程の山脈全体をさす。日本百名山）
		●山上ヶ岳（1719m。女人禁制の修験道の山）
		●稲村ヶ岳（1726m。女人禁制の山上ヶ岳に対し女人大峰とも呼ばれる）
		●八経ヶ岳（1915m）
		●大台ヶ原（日出ヶ岳1695mを最高点とし、標高1400〜1600mの緩やかな起伏が続く台地。周囲は、崖や急斜面となってV字谷に落ち込んでいる。日本有数の多雨地帯としても知られている）
		●日出ヶ岳山頂展望台（ハイキングに最適のコース。眺望が素晴しい）
		●大杉谷（原生林を激流・絶壁が続く秘境）
	河川部	●熊野川（大峰山系を源とする近畿最長183kmの勾配が急な河川）
		●北山川（淵と瀬の連続した急流が多い。観光筏下り、カヌーなど）
		●奥瀞（上瀞の上流から北山村までの約28kmの渓谷。ダム湖などの景観）
		●瀞八丁（和歌山県熊野川町の玉置口から奈良県十津川村までの変化に富んだ渓谷）
		●吉野山（大峰山系の北端、南北8km程の尾根筋をいう。桜の名所として有名）
	海岸部	●那智山（和歌山南東部、那智勝浦町にある山塊をいう。熊野三山のひとつ熊野那智大社がある）
		●那智の大滝（日本の滝百選。直下133m、滝壺の深さ10mの名瀑）
		●青岸渡寺（熊野信仰の霊場として長い歴史がある。那智の滝を中心とした神仏習合の修験道場だったが明治になり、分離された）
		●熊野灘二木島海中公園（海蝕断崖が海底壁となっている。ダイビングなど）
		●串本海中公園（石珊瑚類が生育する。長さ24mの水中トンネル、海中展望塔、海中観光船など）
		●楯ヶ崎（熊野灘、高さ100m周囲600mの大岩壁（柱状節理）がそびえ立つ）
		●七里御浜（熊野市から鵜殿村までの20数kmにわたって続く海岸線。日本の渚百選や、白砂青松百選にも選ばれた美しい景観）
		●熊野三山（熊野那智大社、熊野速玉大社、熊野本宮大社）
年間利用者数		834.9万人（2002年）（三重県148.6万人、奈良県200.8万人、和歌山県485.5万人）
施　設		大台ヶ原ビジターセンター
		〒639-3702　奈良県吉野郡上北山村小橡660-1　　　℡07468-3-0312
		吉野山ビジターセンター
		〒639-3115　奈良県吉野郡吉野町大字吉野山2430　　℡07463-2-8014
		洞川エコミュージアムセンター
		〒638-0431　奈良県吉野郡天川村洞川784-32　　　℡0747-64-0999
		串本海中公園センター
		〒649-3514　和歌山県西牟婁郡串本町有田1157　　　℡0735-62-1122
関係市町村		三重県：尾鷲市、熊野市、多気郡（宮川村）、南牟婁郡（御浜町、紀宝町、紀和町、鵜殿村）
		奈良県：吉野郡（吉野町、天川村、大塔村、十津川村、下北山村、上北山村、川上村）
		和歌山県：新宮市、西牟婁郡（串本町）、東牟婁郡（那智勝浦町、太地町、古座町、熊野川町、本宮町、北山村）
備　考		●吉野熊野国立公園指定70周年（2006年2月1日）

熊野古道（馬越峠）（三重県海山町）

熊野那智大社、那智山青岸渡寺、那智大滝、那智原始林を望む
（和歌山県那智勝浦町）

橋杭岩

交通アクセス　●吉野山ビジターセンターへは、近鉄吉野駅からロープウェイ吉野山駅下車、徒歩15分。
　　　　　　●串本海中公園センターへは、阪和自動車道みなべICから1時間40分。

山陰海岸国立公園

概　要	山陰海岸国立公園は、奥丹後半島の網野海岸（京都府）から鳥取砂丘（鳥取県）まで延長約75kmに及ぶ海岸線が変化に富んだ景観。山陰海岸国立公園は、浦富海岸、但馬御火浦（たじまみほのうら）海岸、香住海岸、竹野海岸、日和山（ひよりやま）海岸などに見られる海蝕崖、洞門、岩礁などの海蝕地形や、鳥取砂丘、久美浜海岸などの砂丘等、変化に富んだ地形及びその海岸景観が特徴的である。

分　類		国立公園、自然景観、日本
Udvardyの地域区分	界	旧北界（The Palaearctic Realm）
	地区	常緑樹林（Japanese Evergreen Forest）
	群系	亜熱帯および温帯雨林（Subtropical and temperate rain forests or woodlands）

普遍的価値	奥丹後半島の網野海岸から鳥取砂丘までの海岸景観
学術的価値	地形学、地質学、植物学

動　物	キクガシラコウモリ、ハヤブサ、チャガラ、アサヒアナハゼ、イソコモリグモなど
植　物	ハマボウフウ、トウテイラン、スダジイ、タイトゴメ、タブ等の常緑広葉樹林、クロマツ、ウンラン、トウテイラン

所在地	京都府、兵庫県、鳥取県
面　積	8,784ha
府県別面積	京都府 1,206ha、兵庫県 6,061ha、鳥取県 1,517ha
所　有	国有地 1.0%、公有地 31.4%、民有地 67.6%
地域地区	特保 6.6%、第1種 3.7%、第2種 52.7%、第3種 34.5%、普通 2.5%
保　護	**自然公園法**　山陰海岸国立公園（1963年7月15日指定） 　　　　　　　五色浜海中公園 　　　　　　　豊岡海中公園 　　　　　　　竹野海中公園 　　　　　　　浜坂海中公園1号 　　　　　　　浜坂海中公園2号 　　　　　　　浦富海岸海中公園 **文化財保護法**　特別天然記念物　コウノトリ
管　理	環境省山陰地区自然保護事務所 　〒683-0067　鳥取県米子市東町124-16 米子地方合同庁舎　℡0859-34-9331 山陰地区自然保護事務所鳥取支所 　〒681-0003　鳥取県岩美郡岩美町浦富字出逢1098-3　℡0857-73-1146 浦富自然保護官事務所 　〒683-0067　鳥取県米子市東町124-16 米子地方合同庁舎　℡0859-34-9331 竹野自然保護官事務所 　〒669-6201　兵庫県城崎郡竹野町竹野字江見3662-4　℡0764-47-0236
利活用	観光、海水浴

ゆかりの人物	志賀直哉（城崎にて）、有島武郎（「浜坂の遠き砂丘の中にしてわびしきわれを見出でつるかも」の歌を残し一ヵ月後自害）、水森かおり（鳥取砂丘）
見　所	●丹後砂丘（京都府網野町木津川河口から久美浜湾入口に至る約7kmの海岸） ●久美浜湾（日本海から小天橋を挟んだ内陸にある静かな湾） ●日和山海岸（城崎マリンワールド内から見ることができるビューポイント） ●豊岡海中公園（柱状節理のある熔結凝灰岩により構成された海底地形） ●玄武洞（160万年前の火山活動により生まれた独特の岩肌） ●竹野海岸（緑に囲まれた半島に1kmもの砂浜が続く） ●竹野海中公園（花崗岩の方状節理が見られる海底地形） ●香住海岸（柴山赤壁、旭洞門など） ●但馬海岸（海蝕崖の鎧の袖、釣鐘洞門、旭洞門、孔雀洞門など） ●但馬海岸遊覧船 ●余部鉄橋（珍しいトレッスル式鋼脚高架橋） ●浜坂海中公園（巨大な花崗岩の転石と安山岩など凹凸が多い海底地形） ●五色浜海中公園（長い年月をかけて波の浸食を受けて形づくられた奇岩がいたるところに点在している） ●浦富海岸（海蝕崖、洞窟、洞門、離れ島などのさまざまな海蝕地形） ●浦富海岸海中公園（花崗岩からなる海底地形が変化に富む） ●鳥取砂丘（東西12km、南北2kmの日本最大級の砂丘） ●海水浴場 　小天橋海水浴場（長い砂浜の丹後を代表する海水浴場） 　浦富海水浴場（環境省選定の水浴場88選に選ばれた海水浴場） 　東浜海水浴場（水の透明度高く鳴き砂の浜あり） 　羽尾海水浴場（東浜海水浴場と同じ湾内にある） 　牧谷海水浴場（キャンプ場隣接）　など
年間利用者数	677.8万人（2002年）（京都府89.9万人、兵庫県337.3万人、鳥取県250.6万人）
施　設	竹野スノーケルセンター・ビジターセンター 　〒669-6216　兵庫県城崎郡竹野町切浜大浦　　☎0796-47-1932 鳥取県立山陰海岸自然科学館 　〒681-0001　鳥取県岩美郡岩美町牧谷1794-4　　☎0857-73-1445
関係市町村	京都府：京丹後市 兵庫県：豊岡市、城崎郡（城崎町、竹野町、香住町）、美方郡（浜坂町） 鳥取県：鳥取市、岩美郡（岩美町）
備　考	●山陰海岸国立公園指定45周年（2008年7月15日） ●環境省と林野庁が2003年3月に設置した世界自然遺産候補地に関する検討会で、山陰海岸は、詳細に検討すべき19地域に選定された。

誇れる郷土ガイドー日本の国立公園編ー 山陰海岸国立公園

山陰海岸

鳥取砂丘

浦富海岸

浦富海岸

交通アクセス　●竹野スノーケルセンターへは、JR竹野駅から車で5分、或は、徒歩20分。
　　　　　　　●山陰海岸自然科学館へは、JR岩美駅からバス7分。

瀬戸内海国立公園

概　要　　瀬戸内海国立公園は、陸域は、近畿地方、中国地方、四国地方、九州地方の4つの地方にまたがり、海域は、紀淡海峡、鳴門海峡、関門海峡、豊予海峡の4つの海峡に囲まれたわが国の多島海景観を代表する島しょ部と海域等からなっている。1934年（昭和9年）、雲仙国立公園、霧島国立公園と共に、わが国最初の国立公園として指定された。瀬戸内海国立公園は、わが国最大の瀬戸内海、白砂青松の海岸、大小の島々が飛び石のように連なる多島、穏やかな内海に浮かぶ筏、それに、みかん、レモン、オリーブ、ブルー・ベリーなどの棚畑、里山の自然環境など人間と自然との共同作品ともいえる文化的景観が調和した内外に誇るパノラマのように展開する備讃諸島、塩飽諸島、笠岡諸島、日生諸島、家島諸島、芸予諸島、安芸灘諸島、防予諸島など多島海の景観の美しさが特色である。

分　類	国立公園、自然景観、日本
	自然景観、文化的景観、名勝、景勝地、史跡
Udvardyの地域区分　界	旧北界（The Palaearctic Realm）
普遍的価値	多島海景観と文化的景観
学術的価値	地形学、地理学、動物学、植物学、歴史学
植　物	クロマツ、アカマツ、シイ、タブ
動　物	日本シカ、ニホンザル、スナメリクジラ、ナメクジウオ、カブトガニ
所在地	兵庫県、和歌山県、岡山県、広島県、山口県、徳島県、香川県、愛媛県、福岡県、大分県
面　積	62,791ha
土地所有	国有地 14.7%、公有地 27.7%、民有地 57.6%
地域地区	特保 1.6%、第1種 5.5%、第2種 49.5%、第3種 11.9%、普通 31.5%、
保　護	自然公園法　瀬戸内海国立公園（1934年2月1日指定）
	文化財保護法　天然記念物　弥山原始林
	天然記念物　生島樹林
	天然記念物　峨眉山樹林
	天然記念物　鳴門根上り松
	天然記念物　アビ渡来群遊海面
	天然記念物　カブトガニ繁殖地
	天然記念物　スナメリクジラ廻遊海面
管　理	環境省山陽四国地区自然保護事務所
	〒700-0984　岡山市桑田町18-28-1F　　☎086-223-1577
	神戸自然保護官事務所
	〒650-0024　神戸市中央区海岸通29 神戸地方合同庁舎　☎078-331-1146
	岡山自然保護官事務所
	〒700-0984　岡山市桑田町1-36 岡山地方合同庁舎　☎086-227-7285
	広島自然保護官事務所
	〒730-0012　広島市中区上八丁堀6-30 広島合同庁舎2号館　☎082-223-7450
	高松自然保護官事務所
	〒760-0068　高松市松島町1-17-33 高松第二地方合同庁舎　☎082-223-7450

環境保全	㈳瀬戸内海環境保全協会 〒651-0073 神戸市中央区脇浜海岸通り1-5-1-3F　℡078-241-7720
利活用	観光レクリエーション
ゆかりの人物	トーマス・クック（1808年〜1892年）、リヒトホーフェン（1833〜1905年）、平清盛、源義経、那須与一、壺井栄（二十四の瞳）
見　所	●六甲山（国立公園の東端にあり、神戸市の背後で、特に夜景が美しい） ●鷲羽山（児島半島の西南端に位置し、備讃瀬戸多島海景観の展望地） ●野呂山（広島県呉市にあり、宿泊施設、キャンプ場もある展望地） ●高崎山（ニホンザルの生息する山） ●瀬戸大橋（瀬戸内海の多島海の真ん中にかかる6橋の総称） ●宮島（天橋立、松島とともに日本三景のひとつ。厳島神社は世界文化遺産） ●小豆島（瀬戸内海で2番目の大きさの島） ●寒霞渓（小豆島の内陸にあり、新緑紅葉の渓谷美と海岸美） ●屋島（香川県高松市にあり、眼下に壇の浦古戦場が広がる展望地） ●男木島（香川県高松市にあり、男木灯台は映画「喜びも悲しみも幾歳月」の舞台となった） ●五色台（香川県高松市にあり、瀬戸内海と瀬戸大橋を一望できる）
年間利用者数	3,960.6万人（2002年） （兵庫県1,344.7万人、和歌山480.4万人、岡山県407.7万人、広島県417.7万人、山口県156.2万人、徳島県113.3万人、香川県530.3万人、愛媛県345.1万人、福岡県53.7万人、大分県57.5万人）
観光客数	日生・日生諸島　32.3万人、笠岡・笠岡諸島　16.2万人 鷲羽山　144.4万人（2003年）
施　設	五色台ビジターセンター 〒762-0014 香川県坂出市王越町木沢字西山1733-18　℡0877-47-2479 瀬戸内海歴史民俗資料館 〒761-8001 香川県高松市亀水町1412-2　℡087-881-4707 鷲羽山ビジターセンター 〒711-0925 岡山県倉敷市下津井田之浦1-2　℡086-479-8660 大久野島ビジターセンター 〒729-2311 広島県竹原市忠海町大野島　℡0846-23-0100 大鳴門橋記念館 〒656-0503 兵庫県南あわじ市福良字大刈藻丙936-3　℡0799-52-2888 大鳴門橋架橋記念館 〒772-0053 徳島県鳴門市鳴門町土佐泊浦福池65　℡088-687-1330 瀬戸内海大型水理模型（独立行政法人産業技術総合研究所中国センター） 〒737-0197 広島県呉市広末広2-2-2　℡0823-72-1111 高崎山自然動物園 〒870-0802 大分県大分市神崎3098-1　℡097-536-2500
イベント	シンポジウム、フォーラム、環境保全キャンペーン、一斉清掃
関係市町村	兵庫県、和歌山県、岡山県、広島県、山口県、徳島県、香川県、愛媛県、福岡県、大分県の10県にまたがる。
世界遺産運動	●当シンクタンクがホームページで、「瀬戸内海国立公園の複合景観を世界遺産に」という提言を発表している。 ●「港町ネットワーク・瀬戸内」が瀬戸内海の世界遺産登録も視野に入れた活動を行っている。
目　的	瀬戸内海国立公園の景観と環境の保全
備　考	●瀬戸内海国立公園指定70周年（2004年2月1日）

シンクタンクせとうち総合研究機構　発行

誇れる郷土ガイドー日本の国立公園編ー　瀬戸内海国立公園

野呂山（広島県）から見た瀬戸内海

日生諸島（岡山県）

シンクタンクせとうち総合研究機構　発行

誇れる郷土ガイドー日本の国立公園編ー　瀬戸内海国立公園

笠岡諸島（岡山県）

瀬戸内海

交通アクセス	●日生へは、車で、山陽自動車道備前ICから国道250号経由で5分。
	●五色台ビジターセンターへは、JR坂出駅から車で30分。
	●大久野島ビジターセンターへは、忠海港から船で約15分。

シンクタンクせとうち総合研究機構　発行

大山隠岐国立公園

概　要	大山隠岐国立公園は、山陰地方にあり、大山蒜山地域、島根半島海岸部地域、三瓶山地域、及び隠岐島の4つの地域からなる。中国山地の最高峰大山は、伯耆富士とも呼ばれるが、南壁は急峻な荒々しい山岳景観となっている。小型獣類や鳥類、昆虫など多く生息しており、国設鳥獣保護区に指定されている。島根半島海岸部は、東側は沈降、西側は隆起海岸で、複雑な海岸線に断崖、洞門などの自然景観が広がる。また出雲大社などもあり、神話や伝承も多い。三瓶山一帯は、トロイデ火山と山麓に広がる草原景観が特徴。大小180もの島からなる隠岐島は、島前、島後を中心に海岸線の外洋側は、海蝕による断崖や洞門、洞窟などが連なる。本土と隔絶され、気候や海流の影響を受けているため、本土とは異なった生物環境を有する。
分　類	国立公園、自然景観、日本
Udvardyの地域区分	界　旧北界（The Palaearctic Realm）
普遍的価値	大山蒜山、隠岐、島根半島、三瓶山の4地域からなる国立公園
学術的価値	地形学、地理学
動　物	ヤマネ、タヌキ、ホンドキツネ、イヌワシ、クマタカ、オオタカ、コノハズク、キビタキ、オオルリ、シジミチョウ類、エゾゼミ、オキノウサギ、オキサンショウウオ、カラスバト、オオミズナギドリ、造礁サンゴ
植　物	ダイセンキャラボク、アカモノ、ツガザクラ、ヒゲノガリヤス、ブナ、ミズナラ、イタヤカエデ、ウラジロカシ、シラカシ、ヤブツバキ
所在地	鳥取県、島根県、岡山県
面　積	35,053ha
所　有	国有地 28.9％、公有地 19.0％、民有地 52.1％
地域地区	特保 6.4％、第1種 13.6％、第2種 31.0％、第3種 36.8％、普通 12.2％
保　護	自然公園法　大山隠岐国立公園（1936年2月1日指定） 　　　　　　島根半島海中公園 　　　　　　浄土ヶ浦海中公園 　　　　　　代海中公園 　　　　　　国賀海中公園 国有林野の管理・経営に関する法律　大山森林生態系保護地域（1993年3月指定） 鳥獣保護法　国設鳥獣保護区（大規模生息地）　大山（1957年12月指定） 文化財保護法　特別天然記念物　ダイセンキャラボク純林
管　理	環境省山陰地区自然保護事務所 　　〒683-0067　鳥取県米子市東町124-16 米子地方合同庁舎　℡0859-34-9331 大山自然保護官事務所 　　〒683-0067　鳥取県米子市東町124-16 米子地方合同庁舎　℡0859-34-9331 松江自然保護官事務所 　　〒690-0015　島根県松江市上乃木5-17-31　　　　　　　℡0852-21-7626
利活用	登山、スキー

見　所		
	大山蒜山地域	●大山（1709m。別名、伯耆富士。日本百名山） ●蒜山三座（上蒜山、中蒜山、下蒜山の総称。東から西へと美しい陵線が続く） ●蒜山高原（蒜山三座の南麓に広がる雄大な高原） ●宝仏山（1002m。古くから信仰の対象となってきた山） ●大山滝（日本の滝百選に選ばれた落差42mの大山一の滝）
	島根半島	●島根半島海中公園（柱状節理の発達した石英斑岩など火成岩の岩石海岸） ●加賀潜戸、多古七ツ穴（波で断崖が侵食されてできた洞門） ●美保神社（本殿は大社造りを2棟並べた美保造りと呼ばれる建築様式） ●出雲大社（大国主神を祀る神社。本殿は大社造りとして国宝に指定されている） ●日御碕（ウミネコ繁殖地の経島をはじめ、小島・奇岩が多く、代表的な景勝地） ●日御碕神社（出雲国風土記にも記された古社）
	三瓶地域	●三瓶山（1126m。日本海と中国山地の真ん中に位置する火山。トロイデ型の山の形と麓に広がる草原の景観が特徴。男三瓶山、女三瓶山、太平山、子三瓶山、孫三瓶山の5つの峰々から構成されている。） ●室の内池（三瓶山の火口湖） ●浮布池（三瓶山の爆発により流出した熔岩によりできた天然ダム） ●姫逃池（カキツバタの群生地として有名）
	隠岐地方	●浄土ヶ浦海岸（赤褐色の多島海岸風景は隠岐唯一） ●浄土ヶ浦海中公園（赤褐色の多島海岸風景は隠岐唯一） ●白島海岸（島後の最北端の白島岬とその周辺の景勝地。オオミズナギドリの繁殖地） ●代海中公園（ローソク島周辺） ●ローソク島（ローソクの形をした奇岩） ●壇鏡の滝（日本の滝百選、名水百選） ●国賀海中公園（西ノ島の国賀海岸北側鬼が城周辺） ●国賀海岸、通天橋、明暗の岩屋、牛馬の放牧 ●知夫の赤壁（知夫里島の西海岸に続く約1kmの断崖）
年間利用者数		935.1万人（2002年）（鳥取県187.9万人、島根県473.6万人、岡山県273.6万人）
施　設		鳥取県立大山自然科学館 　〒689-0105　鳥取県西伯郡大山町大山43　　　　　　☎0859-52-2327 大山情報館（財自然公園財団） 　〒689-3318　鳥取県西伯郡大山町大山40-33　　　　 ☎0859-52-2165 島根県立三瓶自然館サヒメル・三瓶小豆原埋没林公園 　〒694-0003　島根県大田市三瓶町多根1121-8　　　 ☎0854-86-0500 隠岐自然館　〒685-0013　島根県隠岐郡隠岐の島町中町　☎08512-2-1583 浜遊自然館　〒699-0741　島根県簸川郡大社町大字中荒木2484 ☎0853-53-5080
関係市町村		鳥取県：東伯郡（関金町、琴浦町）、西伯郡（岸本町、大山町、名和町、中山町）、 　　　　日野郡（江府町、溝口町） 島根県：大田市、八束郡（鹿島町、島根町、美保関町）、飯石郡（飯南町）、 　　　　簸川郡（大社町）、邑智郡（美郷町）、隠岐郡（隠岐の島町、海士町、 　　　　西ノ島町、知夫村） 岡山県：真庭郡（川上村、八束村）
備　考		●大山隠岐国立公園指定70周年（2006年2月1日）

誇れる郷土ガイド－日本の国立公園編－　大山隠岐国立公園

大　山

国賀海岸

三瓶山

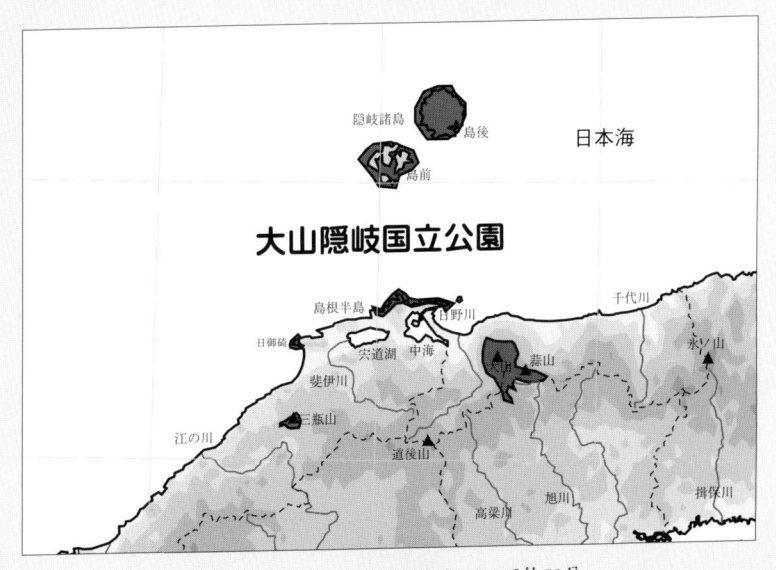

大山隠岐

交通アクセス
- 大山自然科学館へは、JR米子駅からバスで約50分。
- 三瓶自然館サヒメルへは、JR大田市駅からバスで約1時間。
- 隠岐自然館（隠岐島後西郷港）へは、七類港からフェリーで2時間20分。

足摺宇和海国立公園

概　要　　　　足摺宇和海国立公園は、四国の西南端、愛媛県から高知県にかけての海岸沿いにある。南部の足摺岬を中心とする地域では、隆起海岸の豪壮な断崖の連なる男性的な景観が、北部の宇和海を中心とする地域では、沈水海岸の繊細な入江と島嶼が造り上げる女性的な景観が特色。足摺宇和海国立公園の高温多雨の気候条件は、植物相を豊富にし、海岸部には、タブ、ホルトノキなどの常緑広葉樹の自然林、内陸部には、篠山のシャクナゲ、アケボノツツジの群落や滑床渓谷の落葉広葉樹林など特筆すべきものが多い。

分　類　　　　国立公園、自然景観、海中景観、日本
Udvardyの地域区分　界　旧北界（The Palaearctic Realm）

普遍的価値　　足摺岬一帯の隆起海岸と宇和海一帯の沈水海岸からなる国立公園
学術的価値　　地形学、植物学、動物学

動　物　　　　ニホンザル、ニホンシカ、ヤイロチョウ、イシサンゴ類
植　物　　　　タブ、ホルトノキ、シャクナゲ、アケボノツツジ、アコウ

所在地　　　　愛媛県、高知県
面　積　　　　11,353 ha
所　有　　　　国有地 36.0%、公有地 12.5%、民有地 51.5%
地域地区　　　特保 8.5%、第1種 8.1%、第2種 45.7%、第3種 34.6%、普通 3.1%

保　護　　　　**自然公園法**　足摺宇和海国立公園（1972年11月10日指定）
　　　　　　　　　　　　　　竜串海中公園
　　　　　　　　　　　　　　樫西海中公園
　　　　　　　　　　　　　　沖ノ島海中公園
　　　　　　　　　　　　　　宇和海海中公園
　　　　　　　　　　　　　　謹崎海中公園
　　　　　　　　　　　　　　尻貝海中公園
　　　　　　　　鳥獣保護法　国設鳥獣保護区（特定鳥獣生息地）　西南（1979年11月指定）

管　理　　　　環境省山陽四国地区自然保護事務所
　　　　　　　　〒700-0984　岡山市桑田町18-28-1F　　　　☎086-223-1577
　　　　　　　土佐清水自然保護官事務所
　　　　　　　　〒787-0306　高知県土佐清水市幸町5-4　　☎08808-2-2350

利活用　　　　●観光
　　　　　　　●グラスボートによる海中景観の観賞
　　　　　　　●環境ボランティア活動
ゆかりの人物　田宮寅彦（足摺岬）

見　所	南部	●足摺岬（花崗岩が侵食された高さ100mの大海食崖等の海岸景観） ●足摺スカイライン ●金剛福寺（四国八十八か所霊場第38番札所） ●竜串海中公園（石珊瑚の景観。特に見残湾のシコロサンゴの群体は見事） ●柏島（ダイビングスポット） ●勤崎海中公園（卓上石珊瑚類が発達している） ●尻貝海中公園（尻貝湾北部には卓上石珊瑚類が、湾口にはソフトコーラルなど） ●樫西海中公園（黒潮の強い影響を受け、亜熱帯海中植物が生育） ●沖の島海中公園（亜熱帯海中植物が生育。大型のテーブル珊瑚など）
	北部	●宇和海中公園（日本初の海中公園。海中展望船） ●鹿島の洞穴（海蝕洞） ●日振島（936年の藤原純友の乱の本拠地となった島） ●西海海中公園（海中景観の鑑賞ができる海中展望台。国民宿舎あり） ●滑床渓谷（滑らかな河床が約12km続く。雪輪の滝や奇岩が美しい） ●雪輪の滝（日本の滝百選） ●篠山（1065m。山頂近くでは、樹齢100年以上のアケボノツツジの群生あり） ●成川渓谷（渓谷内では、遊歩道を散策できる） ●法華津峠（宇和海リアス式海岸のパノラマ風景が一望できる）
年間利用者数		192.7万人（2002年）（愛媛県60.5万人、高知県132.2万人）
施　設		高知県立足摺海洋館 　〒787-0450　高知県土佐清水市三崎字今芝4032　　☎0880-85-0635 足摺海底館 　〒787-0450　高知県土佐清水市三崎長嶋480-8　　☎0880-85-0201
関係市町村		愛媛県：宇和島市、西予市、北宇和郡（吉田町、鬼北町、松野町、津島町）、 　　　　　南宇和郡（愛南町） 高知県：宿毛市、土佐清水市、幡多郡（大月町）
世界遺産運動		四国八十八か所霊場
備　考		●足摺宇和海国立公園指定40周年（2012年11月10日） ●足摺宇和海国立公園には、四国霊場八十八箇所の第38番札所である 　金剛福寺（土佐清水市足摺岬214-1）がある。

足摺岬

竜串海岸

宇和海海中公園　西海鹿島

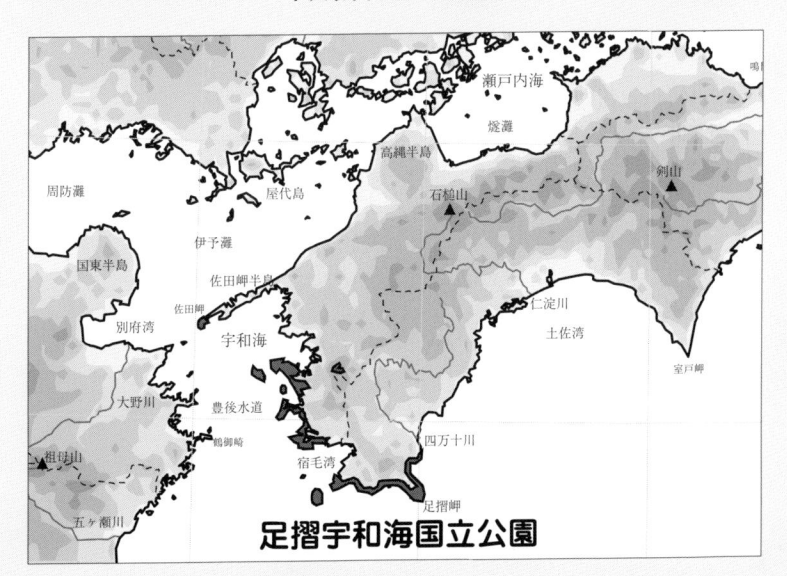

交通アクセス　●足摺岬へは、土佐くろしお鉄道中村駅からバスで1時間20分、徒歩10分。
　　　　　　　●宇和島海中公園へは、松山道大洲ICより西海有料道路経由で約2時間。

西海国立公園

概　要　　西海国立公園は、九州の西北端にある。西海国立公園は、大小400に及ぶ島々が繰り広げる外洋性多島海景観を特徴とする海の国立公園。主に、「九十九島地域」、北西の「平戸・生月地域」、更にその西に続く「五島列島地域」に大別することができる。九十九島は200余りの小島からなり、付近の展望台からの景観が見事である。五島の若松瀬戸は、約14kmにわたって30の島々が複雑に入り組んでおり、深い湾をもつ玉之浦湾とともにリアス式海岸の特徴がよく現れている。また、福江島の大瀬崎、小値賀島、生月島等の海蝕崖、福江鬼岳、嵯峨島及び曽根の赤ダキ断崖の小規模ながら珍しい火山地形も見られる。

分　類	国立公園、自然景観、日本
Udvardyの地域区分	界　旧北界（The Palaearctic Realm）

普遍的価値	大小400に及ぶ島々が繰り広げる外洋性多島海景観
学術的価値	地形学、地理学

動　物	シカ、オミズナギドリ、アカウミガメ、テーブルサンゴ
植　物	ビロウ、ソテツ

所在地	長崎県
面　積	24,646ha
所　有	国有地 3.3％、公有地 7.7％、民有地 89.0％
地域地区	特保 0.3％、第1種 7.6％、第2種 53.8％、第3種 34.2％、普通 4.0％

保　護	自然公園法　西海国立公園（1955年3月16日指定）
	福江海中公園
	若松海中公園
	文化財保護法　天然記念物　阿値賀島
	特別天然記念物　トビカズラ

管　理	環境省九州地区自然保護事務所
	〒869-2225　熊本県阿蘇郡阿蘇町大字黒川1180　　0967-34-0254
	佐世保自然保護官事務所
	〒853-0015　長崎県佐世保市鹿子町918-1　　0956-28-3575
	福江自然保護官事務所
	〒858-0922　長崎県福江市東浜町2-1-1福江地方合同庁舎　　0959-72-4827

利活用	●観光
	●観光
ゆかりの人物	羽田健太郎作曲「九十九詩人」
映画ロケ	「ラスト・サムライ」（九十九島）、西田敏行、三國連太郎「釣りバカ日誌16」

見　所	
九十九島地域	●北九十九島（九十九島の中で鹿町町と小佐々町に至る島々をさす。南に比べ男性的で、大きな島々が散在する） ●南九十九島（小さな島々がたくさんあり、女性的な趣） ●長串山つつじ公園（約10万本のつつじが咲き誇る） ●西海パールシーリゾート（九十九島遊覧船、水族館、海の展示館など） ●石岳展望台（南九十九島を眺める絶好の場所） ●船越展望所（九十九島を間近に眺められる） ●烏帽子岳展望台（市街地や九十九島を眺められる。近くにキャンプ施設あり）
平戸・生月地域	●御崎の塩俵断崖（柱状節理の断崖が南北500mにわたり続く） ●大バエ断崖（生月島最西端にある。大バエ灯台に映る夕日が美しい。） ●阿値賀島（上阿値賀島、下阿値賀島の二島まらなり国立公園特別保護区。島の周囲は柱状節理が見事。びろう樹の自生地） ●生月大橋（平戸島と生月島をつなぐ橋）
五島列島地域	●若松瀬戸（五島列島中央のあたり。若松大橋がある） ●若松海中公園（火山性の沈降海岸景観を有する地域） ●米山展望台、龍観山展望所（五島灘、若松瀬戸、若松大橋などが見渡せる） ●福江海中公園（対馬海流の影響で熱帯魚も遊泳する） ●玉之浦湾（福江島にある。リアス式海岸が美しい） ●大瀬崎断崖遊覧 ●鬼岳、火ノ岳（シンダーコーンと呼ばれる珍しい火山群）
年間利用者数	460.4万人（2002年）
施　設	西海パールシーリゾート 　〒858-0922　佐世保市鹿子前町1008　　　　　　　☎0956-28-4187 鬼岳天文台（鬼岳四季の里） 　〒853-0013　長崎県五島市上大津町2873-1　　　　☎0959-74-5469 福江海中公園 　〒853-0000　長崎県福江市竹の子島　　　　　　　☎0959-72-2963
関係市町村	長崎県：佐世保市、五島市、平戸市、西彼杵郡（崎戸町）、北松浦郡（小値賀町、生月町、宇久町、田平町、鹿町町、小佐々町）、南松浦郡（新上五島町）
備　考	●西海国立公園指定50周年（2005年3月16日） ●西海国立公園指定50周年記念歌「九十九詩人」 　（作詞：阿久悠、作曲：羽田健太郎、させぼ夢大学制作）

生月島塩俵の断崖

長串山つつじ公園からの北九十九島

西海国立公園の多島海景観

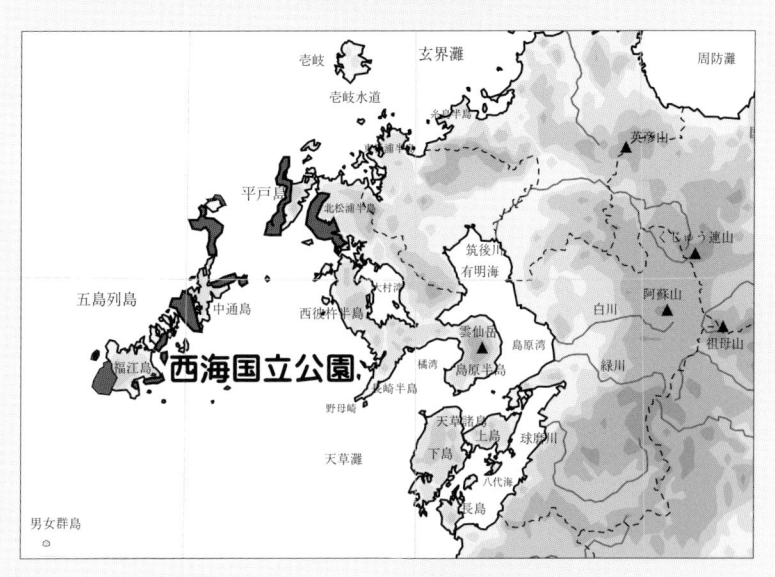

交通アクセス
- 西海パールシーリゾートへは、JR佐世保駅よりバスで25分。
  西九州自動車道佐世保みなとICより10分。
- 五島列島上五島奈良尾港へは、長崎よりジェットフォイルで1時間15分。
- 五島列島福江島福江港へは、長崎よりジェットフォイルで1時間25分。

シンクタンクせとうち総合研究機構　発行

雲仙天草国立公園

概　要	雲仙天草国立公園は、長崎県の島原半島の中央にある雲仙岳周辺地域と、熊本県、鹿児島県の西海岸に沿う天草諸島からなる。雲仙地域は、1990年の火山活動で有名な普賢岳や雲仙温泉郷を中心とする避暑地の一つ。天草地域は、有明海や八代海に浮かぶ大小120の島々の景色が美しく、キリスト教文化の史跡が各地に残り、訪れる人々の魅力の一つになっている。
分　類	国立公園、自然景観、日本
Udvardyの地域区分	界　旧北界（The Palaearctic Realm）
普遍的価値	雲仙岳と天草諸島からなる国立公園
学術的価値	地形学（溶岩ドーム、多島海、沈降海岸、海蝕崖、砂洲）、地理学、歴史学
動　物	オオルリ、キビタキ、ヤマガラ、コガモ、マガモ、ハクセンシオマネキ、サンゴ、アコウ、ツル
植　物	ミヤマキリシマ、シロドウダン、イタヤカエデ、ナナカマド
所在地	長崎県、熊本県、鹿児島県
面　積	28,287ha
所　有	国有地 26.1%、公有地 7.6%、民有地 66.3%
地域地区	特保 2.1%、第1種 3.5%、第2種 41.4%、第3種 23.7%、普通 29.3%
保　護	自然公園法　雲仙天草国立公園（1934年3月16日指定） 　　　　　　富岡海中公園 　　　　　　天草海中公園 　　　　　　牛深海中公園 文化財保護法　天然記念物　地獄地帯シロドウダン群落 　　　　　　　天然記念物　野岳イヌツゲ群落 　　　　　　　天然記念物　池の原ミヤマキリシマ群落 　　　　　　　天然記念物　普賢岳紅葉樹林 　　　　　　　特別名勝　　温泉岳（うんぜんだけ）
管　理	環境省九州地区自然保護事務所 　〒869-2225　熊本県阿蘇郡阿蘇町大字黒川1180　　℡0967-34-0254 九州地区自然保護事務所熊本支所 　〒862-0951　熊本市上水前寺1-6-54-第2宝生ビル　℡096-340-0223 雲仙自然保護官事務所 　〒854-0621　長崎県南高来郡小浜町雲仙320　　　℡0957-73-2423 天草自然保護官事務所 　〒863-0021　熊本県本渡市港町10-2　　　　　　　℡0969-23-8366
ゆかりの人物	天草四郎時貞、頼山陽（天草灘に泊す）
映画ロケ	「君の名は」（雲仙）
利活用	観光、湯治

見　所		
雲仙地域	●平成新山溶岩ドーム及び火砕流跡地	
	●普賢岳（1360m。1990年に噴火した。現在は、登山も解禁となっている）	
	●国見岳（1739m。熊本県最高峰）	
	●妙見岳（1333m）	
	●九千部岳（1062m）	
	●雲仙地獄（噴気現象）	
天草地域	●倉岳（682m）	
	●龍ヶ岳（470m。八代海に突き出した半島にあり、眺望が素晴しい）	
	●六郎次山（405m。別名、下島大観山）	
	●諏訪の池（島原半島最大の池で、大中小の3つの池からなる。国民休暇村あり）	
	●白雲の池（散策路など整備されている。キャンプ場あり）	
	●天草松島（リアス式海岸が作り出した多島海と天草五橋が調和した景観美）	
	●天草五橋（パールライン）	
	●長島（多島海の景観が美しい）	
	●天草海中公園（大ヶ瀬は大小十数個の岩礁からなる）	
	●牛深海中公園（ウミトサカ類の大群生が特色）	
	●富岡海中公園（海藻類が特に多い）	
	●羊角湾（天草下島の南部に位置する湾）	
	●下島西海岸（海蝕海岸）	
年間利用者数	847.4万人（2002年）（長崎県337.2万人、熊本県504.1万人、鹿児島県6.1万人）	
施　設	雲仙お山の情報館	
	〒854-0621　長崎県南高来郡小浜町雲仙320	☎0957-73-3636
	雲仙諏訪の池ビジターセンター	
	〒854-0501　長崎県南高来郡小浜町諏訪の池	☎0957-76-5010
	平成新山ネイチャーセンター	
	〒855-0077　長崎県島原市南千本木町甲2683	☎0957-63-6752
	天草ビジターセンター	
	〒861-6102　熊本県上天草市松島町合津6311-1	☎0969-56-3665
関係市町村	長崎県：島原市、南高来郡（有明町、国見町、瑞穂町、吾妻町、千々石町、小浜町、南串山町、北有馬町、西有家町、有家町、布津町、深江町）	
	熊本県：牛深市、上天草市、天草郡（有明町、御所浦町、倉岳町、栖本町、新和町、苓北町、天草町、河浦町）	
	鹿児島県：出水郡（東町、長島町）	
備　考	●雲仙天草国立公園指定70周年（2004年3月16日）	

平成新山と眉山

雲仙

天草妙見浦

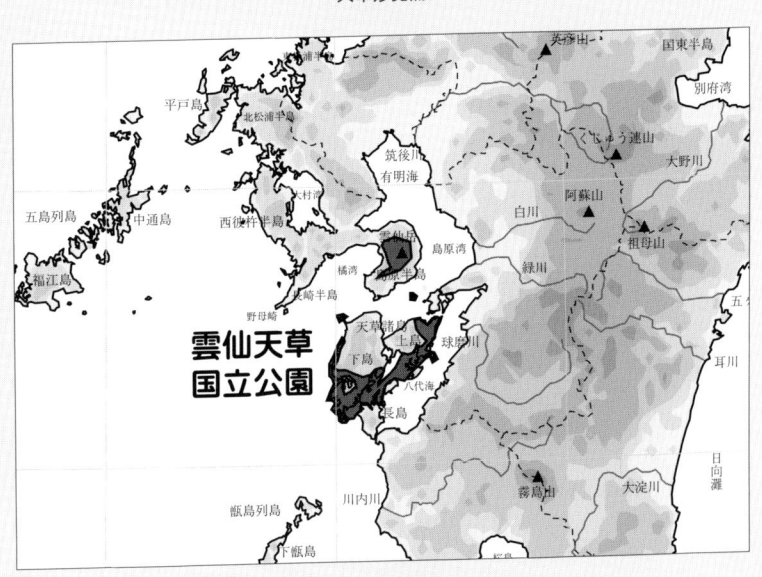

交通アクセス
- 平成新山ネイチャーセンターへは、諫早ICから車で1時間30分。
- 雲仙お山の情報館へは、JR諫早駅からバスで1時間30分。
- 天草松島へは、JR熊本駅からバスで1時間30分。

阿蘇くじゅう国立公園

概　要	阿蘇くじゅう国立公園は、熊本、大分の両県にまたがり、阿蘇地域（熊本県）、くじゅう・由布鶴見地域（大分県）に大別される。阿蘇くじゅう国立公園は、1934年12月4日に、阿寒、大雪山、日光および中部山岳国立公園とともに、阿蘇国立公園として誕生した。1953年（昭和28年）の区域拡張（鶴見岳周辺）、1956年（昭和31年）の区域削減（高崎山を瀬戸内海国立公園に編入）を経て、1986年（昭和61年）に現在の名称である阿蘇くじゅう国立公園に改称された。また、現在、阿蘇の草原の維持保全をめざした草原再生への取り組みが行われている。
分　類	国立公園、自然景観、日本
Udvardyの地域区分	界　旧北界（The Palaearctic Realm） 地区　常緑樹林（Japanese Evergreen Forest） 群系　亜熱帯および温帯雨林（Subtropical and temperate rain forests or woodlands）
普遍的価値	世界最大級のカルデラを持つ阿蘇火山を中心とした地域
学術的価値	地形学、地質学、植物学、動物学
動　物	シカ、キツネ、ホオジロ、ホオアカ、セッカ、オオルリシジミ、ゴマシジミ
植　物	サクラソウ、キスミレ、ハルリンドウ、ユウスゲ、ハナシノブ、ヒゴタイ、アキノキリンソウ、マツムシソウ
所在地	熊本県、大分県
面　積	72,678ha
所　有	国有地 16.4％、公有地 37.4％、民有地 46.1％
地域地区	特保 2.7％、第1種 6.0％、第2種 19.1％、第3種 21.2％、普通 50.9％
保　護	自然公園法　阿蘇くじゅう国立公園（1934年12月4日指定） 文化財保護法　特別天然記念物　カモシカ 　　　　　　　　天然記念物　手野のスギ
管　理	環境省九州地区自然保護事務所 　〒869-2225　熊本県阿蘇郡阿蘇町大字黒川1180　　℡0967-34-0254 阿蘇自然保護官事務所 　〒869-2225　熊本県阿蘇郡阿蘇町大字黒川1180地区事務所内　℡0967-34-0254 くじゅう自然保護官事務所 　〒879-4911　大分県玖珠郡九重町大字田野260-1　　℡09737-9-2631 （財）阿蘇グリーンストック 　〒869-2232　熊本県阿蘇郡阿蘇町大字赤水字大堀695-10　℡0967-35-1110
利活用	観光
ゆかりの人物	三好達治（岬千里）、川端康成（浜千鳥）
見　所	
阿蘇地域	●中岳（1506m　現在も活発に火山活動を続ける） ●高岳（1592m　阿蘇最高峰） ●根子岳（1433m）

	● 杵島岳（1326m）
	● 烏帽子岳（1337m　草千里ヶ浜の南にそびえる）
	● 菊池渓谷（森林浴の森百選　名水百選（白川水源））
	● 草千里ヶ浜（烏帽子岳中腹に広がる草原で、阿蘇の代表的景観）
	● 大観峰（阿蘇五岳を一度に望むことができるビュースポット）
	● 仙酔峡（阿蘇山が爆発した時に流れ出した熔岩が作った峡谷）
	● 南阿蘇トロッコ列車（南阿蘇高原を走る）
	● ASOボーイ（熊本駅と阿蘇宮地駅を往復する蒸気機関車）
くじゅう・由布鶴見地域	● 九重山（東西15kmにわたって分布する20以上の火山の総称。久住山1787mはその最高峰
	● 久住高原（久住山と大船山の南に広がる標高1000mの草原地帯）
	● 飯田高原（くじゅう連山北側に広がる高原）
	● 長者原（くじゅう連山の登山口）
	● 長者原自然研究路（湿原や森の中を進むトレッキングコース）
	● 振動の滝（日本の滝百選）
	● 由布岳（1584m。豊後富士で知られる）
	● 湯布院（由布岳の山麓に広がる温泉地）
	● 鶴見岳（1375m。山頂から国東半島まで見える。春のミヤマキリシマは美しい）
年間利用者数	2,467.8万人（2002年）（熊本県1,743.4万人、大分県724.4万人）
施　設	阿蘇火山博物館 　〒869-2232　熊本県阿蘇郡阿蘇町草千里ヶ浜　　☎0967-34-2111 長者原ビジターセンター 　〒879-4911　大分県玖珠郡九重町大字田野　　☎0973-79-2154 くじゅう花公園 　〒878-0201　大分県直入郡久住町大字久住4050　　☎0974-76-1422
イベント	阿蘇の火まつり（3月第一土曜日） 野焼き（3月上旬）
関係市町村	熊本県：菊池市、阿蘇市、菊池郡（旭志村、大津町）、阿蘇郡（小国町、南小国町、産山村、高森町、南阿蘇村） 大分県：別府市、大分郡（庄内町、湯布院町）、直入郡（久住町、直入町）、玖珠郡（九重町、玖珠町）
世界遺産運動	阿蘇市及び阿蘇郡の5町村
備　考	● 阿蘇くじゅう国立公園指定70周年（2004年12月4日） ● 環境省と林野庁が2003年3月に設置した世界自然遺産候補地に関する検討会で、阿蘇山は、詳細に検討すべき19地域に選定された。 ● 環境省では、平成15年度より阿蘇の草原の維持保全を目指し「阿蘇の草原再生」に向けた調査をスタートさせた。

阿蘇くじゅう

阿蘇中岳

阿蘇中岳火口

誇れる郷土ガイド―日本の国立公園編― 阿蘇くじゅう国立公園

阿蘇くじゅう

くじゅう連山

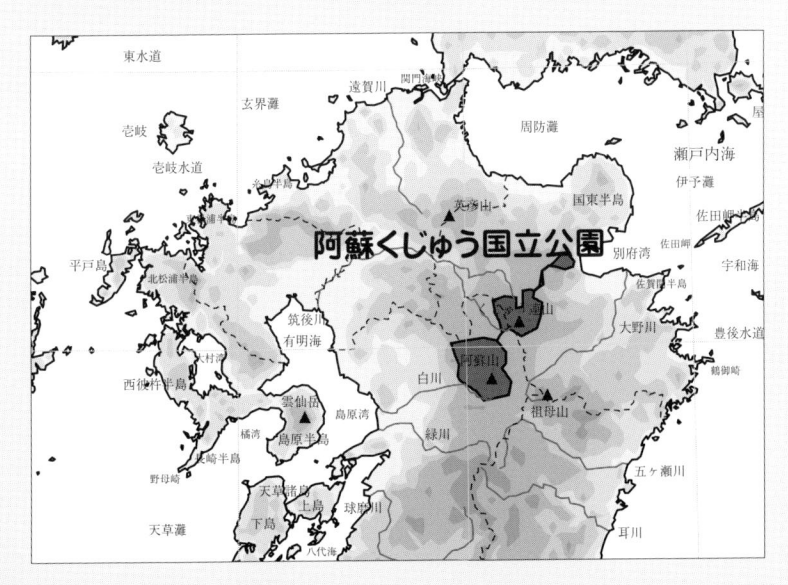

交通アクセス	● 阿蘇中岳火口へは、九州自動車熊本ICからR57、阿蘇登山道路を経由して約1時間20分。
	● 九重登山口へは、別府市から湯布院～やまなみハイウェーを経由して1時間。

シンクタンクせとうち総合研究機構 発行

霧島屋久国立公園

概　要	霧島屋久国立公園は、宮崎県と鹿児島県の両県にまたがる。霧島屋久国立公園は、霧島地域には、韓国岳をはじめ、20を超える火山があり、山麓はシイ、カシ、アカマツなどの自然林が広がっている。また錦江湾地域は、活火山である桜島の景色が代表的。屋久島地域は、九州最高峰の宮之浦岳をはじめ、縄文杉、大王杉など樹齢1,000年を超える屋久杉の島として有名で、1993年にユネスコの世界遺産に登録されている。
分　類	国立公園、自然景観、日本
Udvardyの地域区分	界　旧北界（The Palaearctic Realm） 地区　常緑樹林（Japanese Evergreen Forest） 群系　亜熱帯および温帯雨林（Subtropical and temperate rain forests or woodlands）
普遍的価値	霧島、錦江湾、屋久島の三地域からなる国立公園
学術的価値	地形学、植物学
動　物	シカ、イノシシ、オオウラギンヒチョウ
植　物	ノカイドウ、キリシマタヌキノショクダイ、キリシマミツバツツジ シイ、カシ、スギ、モミ
所在地	宮崎県、鹿児島県
面　積	57,084ha
所　有	国有地 68.0%、公有地 5.9%、民有地 26.2%
地域地区	特保 21.8%、第1種 11.1%、第2種 21.3%、第3種 25.0%、普通 20.8%
保　護	自然公園法　霧島屋久国立公園（1934年3月16日指定） 　　　　　　桜島海中公園 　　　　　　佐多岬海中公園 国有林野の管理・経営に関する法律　屋久島森林生態系保護地域（1992年3月指定） 自然環境保全法　原生自然環境保全地域　屋久島（1975年5月指定） 鳥獣保護法　国設鳥獣保護区（大規模生息地）　霧島（1978年11月指定） 文化財保護法　特別天然記念物　屋久スギ原始林 　　　　　　　天然記念物　狭野の杉並木 　　　　　　　天然記念物　ノカイドウ自生地 　　　　　　　天然記念物　狭野神社ブッポウソウ繁殖地 ユネスコ・人間と生物圏計画　生物圏保護区　屋久島（1980年指定） ユネスコ　世界遺産　屋久島（1993年登録）
管　理	環境省九州地区自然保護事務所 　〒869-2375　熊本県阿蘇郡阿蘇町大字黒川1180　　℡0967-34-0254 えびの自然保護官事務所 　〒889-4302　宮崎県えびの市末永1495-5　　　　　℡0984-33-1108 鹿児島自然保護官事務所 　〒892-0822　鹿児島市市泉町18-2-2F　　　　　　　℡099-226-1842

	屋久島自然保護官事務所	
	〒891-4311　鹿児島県熊毛郡屋久町安房前岳2739-343　℡0997-4-6-2992	
利活用	観光、登山	
見所　霧島地域	●霧島連峰（宮崎、鹿児島両県にまたがる火山群。高千穂峰（1574m）、御鉢（1408m）、韓国岳（1700m）、新燃岳（1420m）など20以上密集する） ●火口湖（白柴池、六観音御池、不動池、大幡池、御池、小池、大浪池、新燃池） ●高千穂河原（平安時代には霧島神宮があった場所。高千穂峰への登山口） ●神話の里公園（670mからの眺望も楽しめる丘陵に広がる施設） ●えびの高原（宮崎、鹿児島の県境に位置する標高1200mの高原）	
錦江湾地域	●桜島（北岳、中岳、南岳） ●桜島海中公園（大正熔岩類により形成された起伏に富む海底地形） ●開聞岳（922m。きれいな円錐型をした山で、薩摩富士とも呼ばれる。日本百名山） ●池田湖（開聞岳噴火で生まれた九州最大のカルデラ湖） ●佐多岬（本州最南端） ●佐多岬海中公園（本格的な珊瑚群集景観） ●長崎鼻（薩摩半島の最南端。足下は熔岩。ここからの開聞岳の眺望は見事）	
屋久島地域	●宮ノ浦岳（1935m。日本百名山）、永田岳（1886m）、黒味岳（1831m）、国割岳（1323m） ●ヤクスギランド（標高1000〜1300mの地点に広がる屋久杉などの原生林を観察できる自然休養林。遊歩道、展望台など整備され、森林浴を楽しめる） ●縄文杉、紀元杉（樹齢3000年以上の屋久杉）	
年間利用者数	1,263.4万人（2002年）（宮崎県121.8万人、鹿児島県1,141.6万人）	
施　設	高千穂河原ビジターセンター 〒899-4201 鹿児島県姶良郡霧島町田口2583-12　℡0995-57-2505 えびのエコミュージアムセンター 〒889-4302 宮崎県えびの市末永1495-5　℡0984-33-3002 開聞山麓ふれあい公園 〒891-0603 鹿児島県揖宿郡開聞町十町2626　℡0993-32-5566 屋久島世界遺産センター 〒891-4311 鹿児島県熊毛郡屋久町安房前岳2739-343　℡09974-6-2977 屋久町立屋久杉自然館 〒891-4311 鹿児島県熊毛郡屋久町安房前岳2739-343　℡0997-46-3113 屋久島環境文化研修センター 〒891-4311 鹿児島県熊毛郡屋久町安房前岳2793-343　℡09974-6-2900 屋久島環境文化村センター 〒891-4205 鹿児島県熊毛郡上屋久町宮之浦823-1　℡09974-2-2900	
関係市町村	宮崎県：都城市、小林市、えびの市、西諸県郡（高原町） 鹿児島県：鹿児島市、指宿市、垂水市、揖宿郡（山川町、開聞町）、姶良郡（栗野町、牧園町、霧島町）、肝属郡（根占町、佐多町）、熊毛郡（上屋久町、屋久町）	
備　考	●霧島屋久国立公園指定70周年（2004年3月16日） ●環境省と林野庁が2003年3月に設置した世界自然遺産候補地に関する検討会で、霧島山は、詳細に検討すべき19地域に選定された。	

シンクタンクせとうち総合研究機構　発行

誇れる郷土ガイド－日本の国立公園編－　霧島屋久国立公園

霧島屋久

霧島牧園山

霧島連山（霧島町）

縄文杉（上屋久町）

霧島屋久

霧島屋久国立公園

交通アクセス	● 高千穂登山口へは、九州道横山ICより車で45分。
	● 開聞町へは、鹿児島中央駅からJRで約1時間。
	● 屋久島宮之浦港へは、鹿児島港からジェットフォイルで約2時間。

西表国立公園

概　要　　　西表国立公園は、琉球列島の南端にある。西表国立公園は、鹿児島から約1,200km、沖縄本島から約430km南方に浮かぶ西表島をはじめ、石垣島と西表島との間にある、いわゆる石西礁湖と呼ばれるサンゴ礁の海域とその海域に点在する隆起サンゴ礁の黒島、竹富島、小浜島、新城島、さらには、西表島の南西方の仲ノ神島などからなる。西表島は、イリオモテヤマネコ、カンムリワシなど貴重な動物が生息し、マングローブ林をはじめ、亜熱帯性植物が生育する原始性の高い地域である。また、石西礁湖は、東西20km、南北15kmに及ぶわが国最大規模のサンゴ礁海域でサンゴ、熱帯魚等の海中景観に優れ、4つの海中公園地区が指定されている。ユネスコの世界遺産登録推薦に向けた条件整備が課題である。

分　類	国立公園、自然景観、日本海中公園地区
Udvardyの地域区分	界　旧北界（The Palaearctic Realm） 地区　琉球諸島（Ryukyu Islands） 群系　島嶼複合系（Mixed island systems）
普遍的価値	わが国最大のサンゴ礁海域である石西礁湖を含む広大な自然公園
学術的価値	地形学、地理学、動物学、植物生態学
動　物	イリオモテヤマネコ、カンムリワシ、リュウキュウキンバト、セマルハコガメ
植　物	マングローブ、スダジイ、タブ、ヤエヤマヤシ、サキシマスオウノキ、アカギ
所在地	沖縄県石垣市、八重山郡竹富町
面　積	13,547ha
所　有	国有地 79.3％、公有地 4.2％、民有地 16.5％
地域地区	特保 13.2％、第1種 0％、第2種 67.1％、第3種 0％、普通 19.7％
保　護	自然公園法　西表国立公園（1972年5月15日　旧琉球政府立公園指定） 　　　竹富島タキドングチ海中公園 　　　竹富島シモビシ海中公園 　　　黒島キャングチ海中公園 　　　新城島マイビシ海中公園 国有林野の管理・経営に関する法律　西表島森林生態系保護地域（1991年3月指定） 自然環境保全法　自然環境保全地域　崎山湾（1983年6月28日指定） 鳥獣保護法　国設鳥獣保護区（特定鳥獣生息地）　西表（1992年3月指定） 　　　国設鳥獣保護区（集団渡来地）　仲の神島（1981年3月指定） 文化財保護法　特別天然記念物　イリオモテヤマネコ 　　　天然記念物　仲間川天然保護区域 　　　伝統的建造物群保存地区　竹富町竹富島　島の農村集落 レッドデータブック（RDB種）　イリオモテヤマネコ　絶滅危惧IB類（EN） 　　　カンムリワシ　絶滅危惧IA類（CR）

管　理	環境省沖縄奄美地区自然保護事務所	
	〒900-0027　那覇市山下町5-21-4F	☎098-858-5824
	環境省沖縄地区自然保護事務所石垣支所	
	〒907-0011　石垣市八島町2-27	☎0980-82-4768
	石垣自然保護官事務所	
	〒907-0011　石垣市八島町2-27石垣支所内	☎0980-82-4768
	西表保護官事務所	
	〒907-1432　八重山郡竹富町古見	☎0980-85-5581
施　設	西表野生生物保護センター	
	〒907-1432　八重山郡竹富町字古見	☎0980-85-5581
	国際サンゴ礁研究・モニタリングセンター	
	竹富島ビジターセンター竹富島ゆがふ館	
	〒907-1101　八重山郡竹富町字竹富	☎0980-85-2488

利活用	自然観察、スノーケリング、遊覧、カヌー、海水浴
見　所	**西表島**
	●古見サキシマスオウノキ群落
	●大見謝ロードパーク（海を見渡せる展望台と遊歩道）
	●マリユドゥの滝（日本の滝百選）
	●星砂海岸
	●水中観光船うみぇ〜る
	竹富島
	●テドウ山、浦内川、大岳、仲間川、カイジ浜
	●タキドングチ海中公園（外礁性の強い裾礁の海中景観）
	●シモビシ海中公園（外礁性の強い堡礁の海中景観）
	黒島
	●海岸植生、仲盛御嶽のハテルマギリーハスノハギリ群落
	●キャングチ海中公園（大型のエダ状珊瑚が作る礁池内の海中景観）
	新城島
	●マイビシ海中公園（大型のテーブル状珊瑚が作る海中景観）
イベント	西表の節祭（国指定重要無形民俗文化財）
	種子取祭（たなどぅい）（竹富島）
	石垣島トライアスロン大会
	アンマガ（盆踊）
年間利用者数	72.7万人（2002年）
関係市町村	沖縄県石垣市、八重山郡（竹富町）
問題点	●わが国最大規模のサンゴ礁海域である石西礁湖では、近年、珊瑚礁の白化現象（サンゴに共生する褐虫藻が飛び出し白くなって死んでしまう現象）が懸念されている。
備　考	●JNN九州沖縄7局共同企画　九州遺産「マンタの海　石垣島・川平」（1997年12月27日　RBC琉球放送）
	●西表国立公園指定35周年（2007年5月5日）
	●環境省と林野庁が2003年3月に設置した世界自然遺産候補地に関する検討会で、トカラ・奄美・琉球列島は、詳細に検討すべき19地域に選定された。
	●琉球諸島については、環境省と林野庁は、関係機関との連携のもとに、学識経験者からなる「世界自然遺産候補地に関する検討会」で指摘された保護担保措置等の課題の検討を進め、条件が整い次第、ユネスコに世界遺産登録推薦書の提出を目指すこととしている。

浦内川

仲間川

誇れる郷土ガイド―日本の国立公園編―　西表国立公園

竹富島伝統的建造物群保存地区

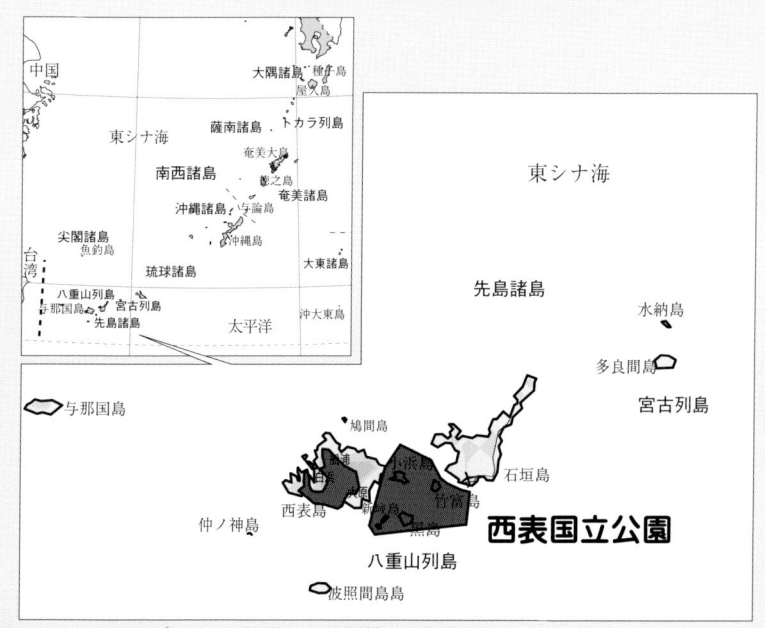

交通アクセス	● 石垣島へは、那覇から飛行機で1時間。
	● 西表島へは、石垣島離島桟橋から西表島大原港までフェリーで35分。
	● 竹富島へは、石垣島離島桟橋から竹富港までフェリーで10分。

シンクタンクせとうち総合研究機構　発行

参考データ

月　山
(写真提供) やまがた観光キャンペーン推進協議会

日本の国立公園指定の主な歴史

指定年月日	国立公園名	備考
1934年（昭和9）2月1日	●瀬戸内海	わが国最初の国立公園
1934年（昭和9）3月16日	●雲仙（※）	
	●霧島（※）	
1934年（昭和9）12月4日	●阿寒	
	●大雪山	
	●日光	
	●中部山岳	
	●阿蘇（※）	
1936年（昭和11）2月1日	●十和田（※）	
	●富士箱根（※）	
	●吉野熊野	
	●大山（※）	
1946年（昭和21）11月20日	●伊勢志摩	戦後初の指定
1949年（昭和24）5月16日	●支笏洞爺	
1949年（昭和24）9月7日	●上信越高原	
1950年（昭和25）7月10日	●秩父多摩（※）	
1950年（昭和25）9月5日	●磐梯朝日	
1955年（昭和30）3月15日	富士箱根伊豆	伊豆地域を追加。名称変更
1955年（昭和30）3月16日	●西海	
1955年（昭和30）5月2日	●陸中海岸	
1956年（昭和31）7月10日	十和田八幡平	八幡平地域を追加。名称変更
1956年（昭和31）7月20日	雲仙天草	天草地域を追加。名称変更
1962年（昭和37）11月12日	●白山	
1963年（昭和38）4月10日	大山隠岐	隠岐地域を追加。名称変更
1963年（昭和38）7月15日	●山陰海岸	
1964年（昭和39）3月16日	霧島屋久	錦江湾、屋久島地域を追加。名称変更
1964年（昭和39）6月1日	●知床	
	●南アルプス	
1972年（昭和47）5月15日	●西表	
1972年（昭和47）10月16日	●小笠原	
1972年（昭和47）11月10日	●足摺宇和海	
1974年（昭和49）9月20日	●利尻礼文サロベツ	
1986年（昭和61）9月10日	阿蘇くじゅう	名称変更
1987年（昭和62）7月31日	●釧路湿原	
2000年（平成12）7月10日	秩父多摩甲斐	名称変更

（※）印は、指定時の名称。

日本の国立公園の地種区分別面積

国立公園名	総面積 (ha)	特別保護地区 (ha)	(%)	第1種 特別地域 (ha)	(%)	第2種 特別地域 (ha)	(%)	第3種 特別地域 (ha)	(%)	普通地域 (ha)	(%)
利尻礼文サロベツ	24,166	9,720	40.2	2,742	11.4	3,536	14.6	7,993	33.1	175	0.7
知床	38,633	23,526	60.9	3,822	9.9	3,249	8.4	8,036	20.8	0	0
阿寒	90,481	10,421	11.5	20,287	22.4	24,460	27.0	17,688	19.6	17,625	19.5
釧路湿原	26,861	6,490	24.2	1,769	6.6	3,359	12.5	6,765	25.2	8,478	31.6
大雪山	226,764	36,807	16.2	29,566	13.1	22,271	9.8	94,848	41.8	43,272	19.1
支笏洞爺	99,473	2,706	2.7	29,190	29.3	17,385	17.5	10,400	10.5	39,792	40.0
十和田八幡平	85,551	13,364	15.6	17,587	20.6	23,897	27.9	26,622	31.1	4,081	4.8
陸中海岸	12,212	438	3.6	878	7.2	5,281	43.2	3,692	30.2	1,923	15.7
磐梯朝日	186,404	18,338	9.8	32,610	17.5	51,892	27.8	69,468	37.3	14,096	7.6
日光	140,021	9,944	7.1	8,700	6.2	44,029	31.4	12,296	8.8	65,052	46.5
上信越高原	189,062	10,082	5.3	4,812	2.5	50,646	26.8	16,382	8.7	107,140	56.7
秩父多摩甲斐	126,259	3,791	3.0	9,166	7.2	17,930	14.2	25,600	20.3	69,772	55.3
小笠原	6,099	2,474	40.6	1,022	16.8	2,043	33.5	241	3.9	319	5.2
富士箱根伊豆	121,714	7,680	6.3	8,658	7.1	30,364	24.9	42,446	34.9	32,566	26.8
中部山岳	174,323	64,129	36.8	33,947	19.5	39,776	22.8	13,642	7.8	22,829	13.1
白山	47,700	17,857	37.4	2,582	5.4	7,469	15.7	19,792	41.5	0	0
南アルプス	35,752	9,181	25.7	5,500	15.4	4,022	11.2	17,049	47.7	0	0
伊勢志摩	55,544	944	1.7	1,084	2.0	6,691	12.0	8,790	15.8	38,035	68.5
吉野熊野	59,798	4,308	7.2	3,767	6.3	5,276	8.8	6,748	11.3	39,699	66.4
山陰海岸	8,784	582	6.6	321	3.7	4,630	52.7	3,030	34.5	221	2.5
瀬戸内海	62,791	985	1.6	3,474	5.5	31,087	49.5	7,441	11.9	19,804	31.5
大山隠岐	35,053	2,234	6.4	4,780	13.6	10,851	31.0	12,905	36.8	4,283	12.2
足摺宇和海	11,353	961	8.5	922	8.1	5,182	45.7	3,931	34.6	357	3.1
西海	24,646	80	0.3	1,870	7.6	13,255	53.8	8,446	34.2	995	4.0
雲仙天草	28,287	589	2.1	996	3.5	11,709	41.4	6,713	23.7	8,280	29.3
阿蘇くじゅう	72,678	1,997	2.7	4,377	6.0	13,903	19.1	15,375	21.2	37,026	50.9
霧島屋久	57,084	12,439	21.8	6,337	11.1	12,161	21.3	14,282	25.0	11,865	20.8
西表	13,547	1,786	13.2	0	0	9,092	67.1	0	0	2,669	19.7
合　計	2,061,040	273,853	13.3	240,766	11.7	475,446	23.1	480,621	23.3	590,354	28.6

出所：環境省自然環境局　2004年3月31日現在資料

参考データ

シンクタンクせとうち総合研究機構　発行

日本の国定公園（参考）

国定公園（55か所）

①暑寒別天売焼尻
②網走
③ニセコ積丹小樽海岸
④日高山脈襟裳
⑤大沼
⑥下北半島
⑦津軽
⑧早池峰
⑨栗駒
⑩南三陸金華山
⑪蔵王
⑫男鹿
⑬鳥海
⑭越後三山只見
⑮水郷筑波
⑯妙義荒船佐久高原
⑰南房総
⑱明治の森高尾
⑲丹沢大山
⑳佐渡弥彦米山
㉑能登半島
㉒越前加賀海岸
㉓若狭湾
㉔八ヶ岳中信高原
㉕天竜奥三河
㉖揖斐関ケ原養老
㉗飛騨木曽川
㉘愛知高原
㉙三河湾
㉚鈴鹿
㉛室生赤目青山
㉜琵琶湖
㉝明治の森箕面
㉞金剛生駒紀泉
㉟氷ノ山後山那岐山
㊱大和青垣
㊲高野龍神
㊳比婆道後帝釈
㊴西中国山地
㊵北長門海岸
㊶秋吉台
㊷剣山
㊸室戸阿南海岸
㊹石鎚
㊺北九州
㊻玄海
㊼耶馬日田英彦山
㊽壱岐対馬
㊾九州中央山地
㊿日豊海岸
(51)祖母傾
(52)日南海岸
(53)奄美群島
(54)沖縄海岸
(55)沖縄戦跡

シンクタンクせとうち総合研究機構　発行

世界遺産条約締約後のわが国の自然遺産関係の主な動き

年　月	内　　　容
1992年 6月	世界遺産条約締結を国会で承認。
1992年 6月	世界遺産条約受諾の閣議決定。
1992年 6月	世界遺産条約の受諾書寄託。
1992年 9月	わが国について世界遺産条約が発効。
1992年10月	ユネスコに白神山地、屋久島の暫定リストを提出。
1993年11月	環境基本法制定
1993年12月	生物多様性条約が国内発効
1993年12月	世界遺産リストに「屋久島」、「白神山地」が登録される。
1994年12月	環境基本計画を閣議決定
1995年10月	生物多様性国家戦略を地球環境保全に関する関係閣議会議が決定
1998年11月	第22回世界遺産委員会京都会議
1999年11月	松浦晃一郎氏が日本人としては初めてのユネスコ事務局長（第8代）に就任。
2000年 5月	世界自然遺産会議・屋久島2000
2001年 1月	省庁再編で、環境庁は環境省へ
2002年 6月	世界遺産条約受諾10周年
2003年 3月	第1回世界自然遺産候補地に関する検討会（環境省と林野庁で共同設置）
2003年 3月	第2回世界自然遺産候補地に関する検討会で、詳細に検討すべき17地域を選定　利尻・礼文・サロベツ原野、知床、大雪山、阿寒・屈斜路・摩周、日高山脈、早池峰山、飯豊・朝日連峰、奥利根・奥只見・奥日光、北アルプス、富士山、南アルプス、祖母山・傾山・大崩山、九州中央山地と周辺山地、阿蘇山、霧島山、伊豆七島、小笠原諸島、南西諸島の17地域を選定
2003年 4月	第3回世界自然遺産候補地に関する検討会で、三陸海岸、山陰海岸の2地域を加えた19地域について詳細検討
2003年 5月	第4回世界自然遺産候補地に関する検討会で、知床、大雪山と日高山脈を統合した地域、飯豊・朝日連峰、九州中央山地周辺の照葉樹林、小笠原諸島、琉球諸島の6地域を抽出。登録基準に合致する可能性が高い地域として、知床、小笠原、琉球諸島の3地域を選定
2003年 6月	中央環境審議会自然環境部会で、「世界自然遺産候補地に関する検討会の結果について」報告
2003年 9月	第5回世界公園会議が、南アフリカのダーバンで開催される
2003年10月	「知床」を新たな自然遺産の候補地として、政府推薦、小笠原、琉球諸島については、保護管理措置等の条件が整い次第、推薦書の提出をめざす方針。
2004年 1月	「知床」の推薦書類を、ユネスコに提出
2004年 3月	雲仙、霧島、瀬戸内海国立公園指定70周年
2004年 7月	IUCNの専門家、「知床」を事前調査
2005年 7月	南アフリカのダーバンで開催される第29回世界遺産委員会で「知床」の登録可否が決定
2005年10月	第2回世界自然遺産会議　白神山地会議

「世界遺産キーワード事典」（シンクタンクせとうち総合研究機構）
「世界遺産ガイドー日本編ー2004改訂版」（シンクタンクせとうち総合研究機構）
「世界遺産ガイドー自然遺産編ー」（シンクタンクせとうち総合研究機構）
「世界遺産ガイドー図表で見るユネスコの世界遺産編ー」（シンクタンクせとうち総合研究機構）

シンクタンクせとうち総合研究機構　発行

〈監修者プロフィール〉

FURUTA Haruhisa
古 田 陽 久　世界遺産総合研究所 所長

1951年広島県呉市生まれ。1974年慶応義塾大学経済学部卒業。同年、日商岩井入社、海外総括部、情報新事業本部、総合プロジェクト室などを経て、1990年にシンクタンクせとうち総合研究機構を設立。1998年9月に世界遺産研究センター（現 世界遺産総合研究所）を設置（所長兼務）。
専門研究分野 世界遺産論、危機遺産論、世界遺産研究、人類の口承及び無形遺産の傑作研究、メモリー・オブ・ザ・ワールド研究、文化人類学、人間と生物圏計画（MAB）研究、環境教育、国際理解教育、国際交流、ユネスコ等国際機関の研究、日本語教育の研究
講義科目 世界遺産概論、世界遺産演習、世界遺産特講、危機遺産研究、国立公園と世界遺産研究、産業遺産研究、日本文化論
講演 札幌市厚別区民センター、山形県庄内地方町村会、奈良県南和広域連合、福岡県宗像市教育委員会など実績多数。
講座・セミナー「世界遺産講座」（東京都練馬区立練馬公民館ほか）、「国際理解講座」（京都府長岡京市立中央公民館ほか）、「区民大学教養講座」（東京都品川区教育委員会主催ほか）ほか
研修会「出羽三山・世界遺産プロジェクトへの指針―出羽三山と周辺地域の文化的景観―」（山形県庄内地方町村長・議会議長合同懇談会）、「沖ノ島及びその周辺における世界遺産登録への取り組みについて―沖ノ島・世界遺産プロジェクト推進に向けての指針―」（福岡県宗像市教育委員会）
シンポジウム「世界遺産シンポジウム 大峯奥駈道（大峯道）・熊野古道（小辺路）の世界遺産登録に向けて」（奈良県南和広域連合）記念講演「世界遺産の意義と地域振興」、「摩周湖シンポジウム」（摩周湖世界遺産登録実行委員会）基調講演「北の世界遺産・摩周湖への道～北海道から世界へ～」、SAKYU座談会「世界遺産に挑戦」（鳥取青年会議所第2政策委員会）講演「世界遺産とまちづくり」
大学からの招聘 国立西南師範大学（中国重慶市）　2003年9月／2004年6月　客員教授
　　　　　　　　国立芸術アカデミー（ウズベキスタン・タシケント市）　2002年5月　国際会議
　　　　　　　　広島女学院大学（広島市）　2004年11月　生活文化学会秋季講演会
国際会議 The 28th session of the World Heritage Committee Suzhou, June28 - July7, 2004, participated as observer
　　　　　　The 27th session of the World Heritage Committee UNESCO Headquarters, Paris, June30 - July5, 2003, participated as observer
学会「北東アジア地域の世界遺産を通じた観光交流を考える」（環日本海アカデミック・フォーラム全体交流会議「北東アジア・アカデミック・フォーラム 2004 in 京都」 観光交流の今後の展望 分科会報告 2004年3月）
テレビ Uzbekistan Television（May、2002）
ラジオ出演 中部日本放送（CBC）「小堀勝啓の心にブギギギ 心にレレレ」（2003年10月7日放送）
論文 "An Appeal for the Study of the World Heritage"「世界遺産学のすゝめ」THE EAST ほか」、「世界遺産と鉄道遺産」（土木学会誌 Vol.88,February 2003）など論稿、連載多数。
編著書「世界遺産入門」、「世界遺産学入門」、「誇れる郷土ガイド」、「世界遺産データ・ブック」、「世界遺産ガイド」、「世界遺産事典」、「世界遺産マップス」、「世界遺産Q&A」ほか多数。
日文原著監修「世界遺産Q&A 世界遺産の基礎知識」中国語版　（文化台湾発展協会・行政院文化建設委員会）
調査研究「世界遺産登録の意義と地域振興」、「世界遺産化可能性調査」、「世界遺産プロジェクト推進への指針」ほか
執筆 現代用語の基礎知識 2003年版（自由国民社）　話題学「ユネスコ危機遺産」執筆
エッセイ「世界遺産とは何か―理念・歴史と日本の関わり―」（財団法人日本交通公社　観光文化　第164号　2003年11月発行）、「第27回世界遺産会議パリ会議に出席して」（近畿日本ツーリストクラブツーリズム　世界遺産倶楽部第5号　2003年8月発行）、ウズベキスタン「ボイスン地方の文化空間」を訪ねて（ユネスコ・アジア文化センター ユネスコ・アジア文化ニュース アジア太平洋文化への招待 2002.10.15/11.15合併号）、「北海道から世界遺産を～求められる恒久的保護策～」（北海道新聞 2002年8月17日夕刊）ほか。　その他「地球の歩き方 見て 読んで 旅する世界遺産」（ダイヤモンド・ビッグ社 2002年8月）、「いい旅見つけた」（リクルート 2004年9月号 探訪 日本の世界遺産）

誇れる郷土ガイド －日本の国立公園編－

2005年（平成17年）3月15日 初版 第1刷

監　　　修　　古田陽久、古田真美
企画・編集　　世界遺産総合研究所
発　　　行　　シンクタンクせとうち総合研究機構 ⓒ
　　　　　　　〒731-5113
　　　　　　　広島市佐伯区美鈴が丘緑三丁目4番3号
　　　　　　　TEL & FAX 082-926-2306
　　　　　　　郵 便 振 替　01340-0-30375
　　　　　　　電子メール　wheritage@tiara.ocn.ne.jp
　　　　　　　インターネット　http://www.dango.ne.jp/sri/
　　　　　　　出版社コード　916208
印刷・製本　　図書印刷株式会社

ⓒ本書の内容を複写、複製、引用、転載される場合には、予め、事前にご連絡下さい。

Complied and Printed in Japan, 2005　ISBN4-916208-94-3 C1540 Y2000E

発行図書のご案内

世界遺産シリーズ

世界遺産データ・ブック －2005年版－
世界遺産総合研究所編　ISBN4-916208-92-7　定価2100円　2004年7月

世界遺産事典 －788全物件プロフィール－　2005改訂版　【新刊】
世界遺産総合研究所編　ISBN4-916208-96-X　定価2310円　2005年2月

世界遺産キーワード事典　★(社)日本図書館協会選定図書
世界遺産総合研究所編　ISBN4-916208-68-4　定価2100円　2003年3月

世界遺産フォトス　★(社)日本図書館協会選定図書　☆全国学校図書館協議会選定図書　－写真で見るユネスコの世界遺産－
世界遺産研究センター編　ISBN4-916208-22-6　定価2000円　1999年8月

世界遺産フォトス　－第2集　多様な世界遺産－
世界遺産総合研究センター編　ISBN4-916208-50-1　定価2100円　2002年1月

世界遺産入門　－過去から未来へのメッセージ－
古田真美　著　ISBN4-916208-67-6　定価2100円　2003年2月

世界遺産学入門　★(社)日本図書館協会選定図書　－もっと知りたい世界遺産－
古田陽久　古田真美　共著　ISBN4-916208-52-8　定価2100円　2002年2月

世界遺産マップス　－地図で見るユネスコの世界遺産－　2005改訂版
世界遺産総合研究所編　ISBN4-916208-97-8　定価2100円　2004年9月

世界遺産ガイド　－世界遺産の基礎知識編－2004改訂版
世界遺産総合研究所編　ISBN4-916208-88-9　定価2100円　2004年10月

世界遺産ガイド　★(社)日本図書館協会選定図書　－特集 第28回世界遺産委員会蘇州会議－
世界遺産総合研究所編　ISBN4-916208-95-1　定価2100円　2004年8月

世界遺産ガイド　★(社)日本図書館協会選定図書　☆全国学校図書館協議会選定図書　－世界遺産条約編－
世界遺産研究センター編　ISBN4-916208-34-X　定価2100円　2000年7月

世界遺産ガイド　－図表で見るユネスコの世界遺産－　【新刊】
世界遺産総合研究所編　ISBN4-916208-89-7　定価2100円　2004年12月

世界遺産ガイド　★(社)日本図書館協会選定図書　－情報所在源編－
世界遺産総合研究所編　ISBN4-916208-84-6　定価2100円　2004年1月

世界遺産ガイド　★(社)日本図書館協会選定図書　☆全国学校図書館協議会選定図書　－文化遺産編－Ⅰ遺跡
世界遺産研究センター編　ISBN4-916208-32-3　定価2100円　2000年8月

世界遺産ガイド　★(社)日本図書館協会選定図書　☆全国学校図書館協議会選定図書　－文化遺産編－Ⅱ建造物
世界遺産研究センター編　ISBN4-916208-33-1　定価2100円　2000年9月

世界遺産ガイド　★(社)日本図書館協会選定図書　☆全国学校図書館協議会選定図書　－文化遺産編－Ⅲモニュメント
世界遺産研究センター編　ISBN4-916208-35-8　定価2100円　2000年10月

シンクタンクせとうち総合研究機構　発行

世界遺産シリーズ

世界遺産シリーズ	★(社)日本図書館協会選定図書	☆全国学校図書館協議会選定図書		
世界遺産ガイド －文化遺産編－ IV 文化的景観				
世界遺産総合研究センター編	ISBN4-916208-53-6	定価2100円	2002年1月	
世界遺産シリーズ	★(社)日本図書館協会選定図書			
世界遺産ガイド －自然遺産編－				
世界遺産研究センター編	ISBN4-916208-20-X	定価2000円	1999年1月	
世界遺産シリーズ	★(社)日本図書館協会選定図書			
世界遺産ガイド －自然保護区編－				
世界遺産総合研究所編	ISBN4-916208-73-0	定価2100円	2003年6月	
世界遺産シリーズ	★(社)日本図書館協会選定図書			
世界遺産ガイド －生物多様性編－				
世界遺産総合研究所編	ISBN4-916208-83-8	定価2100円	2004年1月	
世界遺産シリーズ	★(社)日本図書館協会選定図書			
世界遺産ガイド －自然景観編－				
世界遺産総合研究所編	ISBN4-916208-86-2	定価2100円	2004年3月	
世界遺産シリーズ	★(社)日本図書館協会選定図書	☆全国学校図書館協議会選定図書		
世界遺産ガイド －複合遺産編－				
世界遺産総合研究センター編	ISBN4-916208-43-9	定価2100円	2001年4月	
世界遺産シリーズ	★(社)日本図書館協会選定図書			
世界遺産ガイド －危機遺産編－ 2004改訂版				
世界遺産総合研究所編	ISBN4-916208-82-X	定価2100円	2003年11月	
世界遺産シリーズ	★(社)日本図書館協会選定図書			
世界遺産ガイド －日本編－ 2004改訂版				
世界遺産総合研究所編	ISBN4-916208-93-5	定価2100円	2004年9月	
世界遺産シリーズ	★(社)日本図書館協会選定図書			
世界遺産ガイド －日本編－ 2.保存と活用				
世界遺産総合研究センター編	ISBN4-916208-54-4	定価2100円	2002年2月	
世界遺産シリーズ	★(社)日本図書館協会選定図書			
世界遺産ガイド －中国・韓国編－				
世界遺産総合研究センター編	ISBN4-916208-55-2	定価2100円	2002年3月	
世界遺産シリーズ				新刊
世界遺産ガイド －中国編－				
世界遺産総合研究所編	ISBN4-916208-98-6	定価2100円	2005年1月	
世界遺産シリーズ	★(社)日本図書館協会選定図書			
世界遺産ガイド －北東アジア編－				
世界遺産総合研究所編	ISBN4-916208-87-0	定価2100円	2004年3月	
世界遺産シリーズ	★(社)日本図書館協会選定図書			
世界遺産ガイド －アジア・太平洋編－				
世界遺産研究センター編	ISBN4-916208-19-6	定価2000円	1999年3月	
世界遺産シリーズ	★(社)日本図書館協会選定図書			
世界遺産ガイド －オセアニア編－				
世界遺産総合研究所編	ISBN4-916208-70-6	定価2100円	2003年5月	
世界遺産シリーズ	★(社)日本図書館協会選定図書			
世界遺産ガイド －中央アジアと周辺諸国編－				
世界遺産総合研究センター編	ISBN4-916208-63-3	定価2100円	2002年8月	
世界遺産シリーズ	★(社)日本図書館協会選定図書	☆全国学校図書館協議会選定図書		
世界遺産ガイド －中東編－				
世界遺産研究センター編	ISBN4-916208-30-7	定価2100円	2000年7月	
世界遺産シリーズ	★(社)日本図書館協会選定図書			
世界遺産ガイド －イスラム諸国編－				
世界遺産総合研究所編	ISBN4-916208-71-4	定価2100円	2003年7月	
世界遺産シリーズ	★(社)日本図書館協会選定図書	☆全国学校図書館協議会選定図書		
世界遺産ガイド －西欧編－				
世界遺産研究センター編	ISBN4-916208-29-3	定価2100円	2000年4月	

シンクタンクせとうち総合研究機構　発行

世界遺産シリーズ

世界遺産シリーズ **世界遺産ガイド** 世界遺産研究センター編	★㈳日本図書館協会選定図書　☆全国学校図書館協議会選定図書 －北欧・東欧・CIS編－ ISBN4-916208-28-5　定価2100円　2000年4月
世界遺産シリーズ **世界遺産ガイド** 世界遺産研究センター編	★㈳日本図書館協会選定図書　☆全国学校図書館協議会選定図書 －アフリカ編－ ISBN4-916208-27-7　定価2100円　2000年3月
世界遺産シリーズ **世界遺産ガイド** 世界遺産研究センター編	★㈳日本図書館協会選定図書 －アメリカ編－ ISBN4-916208-21-8　定価2000円　2001年4月
世界遺産シリーズ **世界遺産ガイド** 世界遺産総合研究所編	★㈳日本図書館協会選定図書 －北米編－ ISBN4-916208-80-3　定価2100円　2004年2月
世界遺産シリーズ **世界遺産ガイド** 世界遺産総合研究所編	★㈳日本図書館協会選定図書 －中米編－ ISBN4-916208-81-1　定価2100円　2004年2月
世界遺産シリーズ **世界遺産ガイド** 世界遺産総合研究所編	★㈳日本図書館協会選定図書 －南米編－ ISBN4-916208-76-5　定価2100円　2003年9月
世界遺産シリーズ **世界遺産ガイド** 世界遺産研究センター編	★㈳日本図書館協会選定図書 －都市・建築編－ ISBN4-916208-39-0　定価2100円　2001年2月
世界遺産シリーズ **世界遺産ガイド** 世界遺産研究センター編	★㈳日本図書館協会選定図書　☆全国学校図書館協議会選定図書 －産業・技術編－ ISBN4-916208-40-4　定価2100円　2001年3月
世界遺産シリーズ **世界遺産ガイド** 世界遺産研究センター編	★㈳日本図書館協会選定図書 －名勝・景勝地編－ ISBN4-916208-41-2　定価2100円　2001年3月
世界遺産シリーズ **世界遺産ガイド** 世界遺産総合研究センター編	★㈳日本図書館協会選定図書 －国立公園編－ ISBN4-916208-58-7　定価2100円　2002年5月
世界遺産シリーズ **世界遺産ガイド** 世界遺産総合研究センター編	★㈳日本図書館協会選定図書 －19世紀と20世紀の世界遺産編－ ISBN4-916208-56-0　定価2100円　2002年7月
世界遺産シリーズ **世界遺産ガイド** 世界遺産総合研究センター編	★㈳日本図書館協会選定図書 －歴史都市編－ ISBN4-916208-64-1　定価2100円　2002年9月
世界遺産シリーズ **世界遺産ガイド** 世界遺産総合研究センター編	★㈳日本図書館協会選定図書 －歴史的人物ゆかりの世界遺産編－ ISBN4-916208-57-0　定価2100円　2002年10月
世界遺産シリーズ **世界遺産ガイド** 世界遺産総合研究所編	★㈳日本図書館協会選定図書 －宗教建築物編－ ISBN4-916208-72-2　定価2100円　2003年6月
世界遺産シリーズ **世界遺産ガイド** 世界遺産総合研究センター編	★㈳日本図書館協会選定図書 －人類の口承及び無形遺産の傑作編－ ISBN4-916208-59-5　定価2100円　2002年4月

世界の文化シリーズ

世界の文化シリーズ **世界無形文化遺産ガイド**－人類の口承及び無形遺産の傑作編－2004改訂版 世界遺産総合研究所編　ISBN4-916208-90-0　定価2100円　2004年5月
世界の文化シリーズ **世界無形文化遺産ガイド**－無形文化遺産保護条約編－ 世界遺産総合研究所編　ISBN4-916208-91-9　定価2100円　2004年6月

シンクタンクせとうち総合研究機構　発行

ふるさとシリーズ

誇れる郷土ガイド

－東日本編－	☆全国学校図書館協議会選定図書	1999年12月	
シンクタンクせとうち総合研究機構編	ISBN4-916208-24-2	定価2000円	
－西日本編－	☆全国学校図書館協議会選定図書	2000年1月	
シンクタンクせとうち総合研究機構編	ISBN4-916208-25-0	定価2000円	
－北海道・東北編－		2001年5月	
シンクタンクせとうち総合研究機構編	ISBN4-916208-42-0	定価2100円	
－関東編－		2001年11月	
シンクタンクせとうち総合研究機構編	ISBN4-916208-48-X	定価2100円	
－中部編－		2002年10月	
シンクタンクせとうち総合研究機構編	ISBN4-916208-61-7	定価2100円	
－近畿編－		2001年10月	
シンクタンクせとうち総合研究機構編	ISBN4-916208-46-3	定価2100円	
－中国・四国編－		2002年12月	
シンクタンクせとうち総合研究機構編	ISBN4-916208-65-X	定価2100円	
－九州・沖縄編－		2002年11月	
シンクタンクせとうち総合研究機構編	ISBN4-916208-62-5	定価2100円	
－口承・無形遺産編－		2001年6月	
シンクタンクせとうち総合研究機構編	ISBN4-916208-44-7	定価2100円	
－全国の世界遺産登録運動の動き－		2003年1月	
世界遺産総合研究所編	ISBN4-916208-69-2	定価2100円	
－全国47都道府県の観光データ編－		2003年4月	
シンクタンクせとうち総合研究機構編	ISBN4-916208-74-9	定価2100円	
－全国47都道府県の誇れる景観編－		2003年10月	
シンクタンクせとうち総合研究機構編	ISBN4-916208-78-1	定価2100円	
－全国47都道府県の国際交流・協力編－		2004年4月	
シンクタンクせとうち総合研究機構編	ISBN4-916208-85-4	定価2100円	
－日本の伝統的建造物群保存地区編－		2005年1月	新刊
世界遺産総合研究所編	ISBN4-916208-99-4	定価2100円	
－日本の国立公園編－		2005年3月	新刊
世界遺産総合研究所編	ISBN4-916208-94-3	定価2100円	

誇れる郷土データ・ブック－全国47都道府県の概要－2004改訂版
シンクタンクせとうち総合研究機構編　ISBN4-916208-77-3　定価2100円　2003年12月

日本ふるさと百科－データで見るわたしたちの郷土－
シンクタンクせとうち総合研究機構編　ISBN4-916208-11-0　定価1500円　1997年12月

環日本海エリア・ガイド
シンクタンクせとうち総合研究機構編　ISBN4-916208-31-5　定価2100円　2000年6月

環瀬戸内海エリア・データブック
シンクタンクせとうち総合研究機構編　ISBN4-9900145-7-X　定価1529円　1996年10月

シンクタンクせとうち総合研究機構

事務局　〒731-5113　広島市佐伯区美鈴が丘緑三丁目4番3号
書籍のご注文専用ファックス☎082-926-2306　電子メールsri@orange.ocn.ne.jp

※シリーズや年度版の定期予約は、当シンクタンク事務局迄お申し込み下さい。